Recette de famille

scénario, dessin et couleur

JAMES ALBON

traduction

BASILE BÉGUERIE

Glénat

Lettrage : Fred Urek
Police conçue par Patrick Doan, d'après l'écriture de l'auteur.

www.glenat.com

Couvent Sainte-Cécile, 37 rue Servan, 38000 Grenoble.

Dépôt légal : août 2022
ISBN : 978-2-344-05266-2 / 001
Achevé d'imprimer en Italie en juin 2022 par L.E.G.O. S.p.A.,
sur papier provenant de forêts gérées de manière durable.

PEFC PEFC/18-31-280

ÉCOSSE, PRINTEMPS.
CE N'EST PAS BIEN.
MAIS ÇA NE LEUR FAIT RIEN DU TOUT.

ÇA LES EMPÊCHE JUSTE DE VOLER PAR-DESSUS LA CLÔTURE.
ON AVAIT QUATORZE POULES L'AN DERNIER. IL NOUS EN RESTE COMBIEN ? SIX ?
MON CHÉRI...
... SI L'ON VEUT COHABITER AVEC ELLES, IL FAUT SAVOIR RESPECTER LEURS ENVIES.

ALORS, DIS-MOI, VEUX-TU NOUS OFFRIR DES ŒUFS ?
MAMAN. JE NE SUIS PAS SÛR QUE LES POULES... PUISSENT PRENDRE CE GENRE DE DÉCISION.

LES INTERROGATIONS SPIRITUELLES ET ÉTHIQUES RELATIVES À L'ÉLEVAGE DES POULES SONT UNE SOURCE FRÉQUENTE DE CONFLITS ENTRE ROWAN ET SA MÈRE. SUR LEUR PETITE ÎLE ISOLÉE, IL A GRANDI SOUS SON AFFECTION ÉTOUFFANTE.
ERREUR
PAS DE SIGNAL

ROWAN ADORE L'AGRICULTURE. IL AIME LA TERRE GRASSE, LE SOLEIL, LE VENT FRAIS. IL AIME SA MÈRE. IL AIMERAIT JUSTE, DE TEMPS À AUTRE, QUE CETTE DERNIÈRE ET LE TRAVAIL À LA FERME NE SOIENT PAS AUSSI INTIMEMENT LIÉS.

JE DIS JUSTE QUE SI ON LEUR COUPAIT UN PEU LES AILES, ELLES PONDRAIENT DAVANTAGE.

LE FRÈRE DE ROWAN, TULIP, S'EST RÉFUGIÉ À L'ÉTAGE POUR ÉCHAPPER À UN ÉNIÈME LAÏUS SUR LA GRANDE ÉTREINTE DE GAÏA. SON TÉLÉPHONE NE CAPTE RIEN DANS LA MAISON, MAIS LE DÉDAIN DE SA MÈRE ENVERS TOUTE FORME DE TECHNOLOGIE SUFFIT À FAIRE D'UNE SIMPLE PARTIE DE "COOKING MAMA" UN ACTE DE RÉBELLION TOUT À FAIT SATISFAISANT.

ŒUFS BIO
ET PLEIN
AIR

BONJOUR ?
BONJOUR !

BONJOUR !
NON, ALLEZ-VOUS-EN ! PEU IMPORTE CE QUE VOUS VENDEZ, NOUS N'EN VOULONS PAS !
MADAME GREEN ? DÉSOLÉ DE VOUS DÉRANGER, JE SUIS L'AVOCAT DE VOTRE BEAU-FRÈRE.
JE N'AI PAS DE BEAU-FRÈRE.
OH, TOUTES MES EXCUSES. ON M'A INDIQUÉ QUE Mme SARAH GREEN VIVAIT ICI. SAVEZ-VOUS OÙ JE...
MAMAN !

DÉSOLÉ, M'SIEUR. VOUS ÊTES AU BON ENDROIT !
J'AI RENONCÉ À CE NOM IL Y A DES LUSTRES.
JE M'APPELLE PEGASUS, MAINTENANT.
AH, BIEN. MAIS VOUS ÊTES TOUJOURS LA SŒUR DE LAURA GREEN, ÉPOUSE DU DR CLIVE SPALDING, À CAMBRIDGE ?
OUAIS.
NOUS AVONS EU UN PEU DE MAL À RETROUVER VOTRE TRACE, MAIS JE PENSE QUE LE DÉPLACEMENT EN VALAIT LA PEINE.

NOTRE CABINET S'OCCUPE DE LA SUCCESSION DE VOTRE SŒUR ET DE SON MARI DEPUIS LEUR DISPARITION.
J'AI BIEN CONSCIENCE QUE CETTE LONGUE ATTENTE A DÛ ÊTRE UN SUPPLICE POUR VOUS ET VOTRE FAMILLE, MAIS LES GARDE-CÔTES SONT ENFIN PARVENUS À IDENTIFIER L'ÉPAVE, ET LE MÉDECIN LÉGISTE A RENDU SES CONCLUSIONS.
JE SUIS AU REGRET DE VOUS ANNONCER QU'ILS ONT ÉTÉ DÉCLARÉS MORTS.

J'ESPÈRE QUE CE VERDICT VOUS AIDERA À ALLER DE L'AVANT.
JE SUIS VENU VOUS REMETTRE LEURS CERTIFICATS DE DÉCÈS ET PROCÉDER À L'EXÉCUTION DU TESTAMENT. AU NOM DE NOTRE CABINET, JE VOUS PRÉSENTE NOS PLUS SINCÈRES CONDOLÉANCES. VOUS N'ÊTES PAS SANS SAVOIR QUE LEURS COLLÈGUES À L'HÔPITAL LES TENAIENT EN TRÈS HAUTE ESTIME...
N'AYANT AUCUN ENFANT, ILS ONT SOUHAITÉ TRANSMETTRE LEUR HÉRITAGE À VOS FILS. EUH... ROWAN ?

ET VOUS DEVEZ ÊTRE TULIP.
OUAIS, POURQUOI ?
EN TANT QU'EXÉCUTEUR TES-
IL VEUT NOUS DONNER UN HÉRITAGE DE TATA ET TONTON DE MÉTROPOLE.
EN EFFET... MÊME APRÈS IMPÔT, LA VALEUR DE LA SUCCESSION EST CONSIDÉRABLE. SANS PARLER DES ACTIONS, IL Y A UNE PROPRIÉTÉ SITUÉE À SAFFRON WALDEN...
PROPRIÉTÉ... VOUS PARLEZ D'UNE MAISON ?
OUI, AINSI QUE DU VASTE TERRAIN ATTENANT.
WAOUH ! QUAND EST-CE QU'ON PART ?

MERCI, MONSIEUR, MAIS NOUS N'AVONS QUE FAIRE DE LEUR ARGENT SALE.
AVEC TOUT MON RESPECT, MADAME, VOS ENFANTS SONT MAJEURS ET PEUVENT AGIR À LEUR GUISE EN CE QUI CONCERNE...
TRO PICO

BIEN. SI NOUS POUVIONS PASSER RAPIDEMENT EN REVUE LES DOCUMENTS, JE VOUS EN SAURAIS GRÉ. JE DOIS REGAGNER LE FERRY À L'HEURE POUR RETOURNER EN MÉTROPOLE…
VOUS L'AVEZ LOUPÉ, IL PART À 15 HEURES.
OH… EUH…
… VOUS NE SAURIEZ PAS OÙ JE POURRAIS TROUVER À ME LOGER, J'IMAGINE ?
SUIVEZ-MOI, M'SIEUR ! L'HÔTEL EST TOUJOURS VIDE À CETTE ÉPOQUE.
ET JE VAIS ÊTRE EN RETARD POUR LE SERVICE !

À PLUS !
DING

* LAIRD : ÉQUIVALENT ÉCOSSAIS DE LORD (NDT).

VOUS DÎNEZ ?
OUI, S'IL VOUS PLAÎT. POURRAIS-JE AVOIR LE MENU ?
PAS DE MENU.

L'AVOCAT S'AFFAISSE SUR LA BANQUETTE, ABATTU. MAIS LORSQUE SON PLAT ARRIVE...

BROCOLI JEUNE, TRÈS TENDRE.
ARRANGEMENT DÉLICAT DE POIREAUX FRAIS.
MAQUEREAU FRAIS ET GÉNÉREUX.
ARTICHAUT RÔTI.
PURÉE DE NAVET.
PAIN CHAUD QUI SORT DU FOUR.

LA MÉLANCOLIE DU SOIR EST AUSSITÔT OUBLIÉE. L'AVOCAT EST RASSÉRÉNÉ, RAGAILLARDI, PRÊT À AFFRONTER L'ATTENTE SUR CETTE ÎLE-PURGATOIRE. LE DESSERT ARRIVE : UN CRUMBLE DE FRUIT À L'ANCIENNE, AVEC SA BOULE DE GLACE FAITE MAISON.

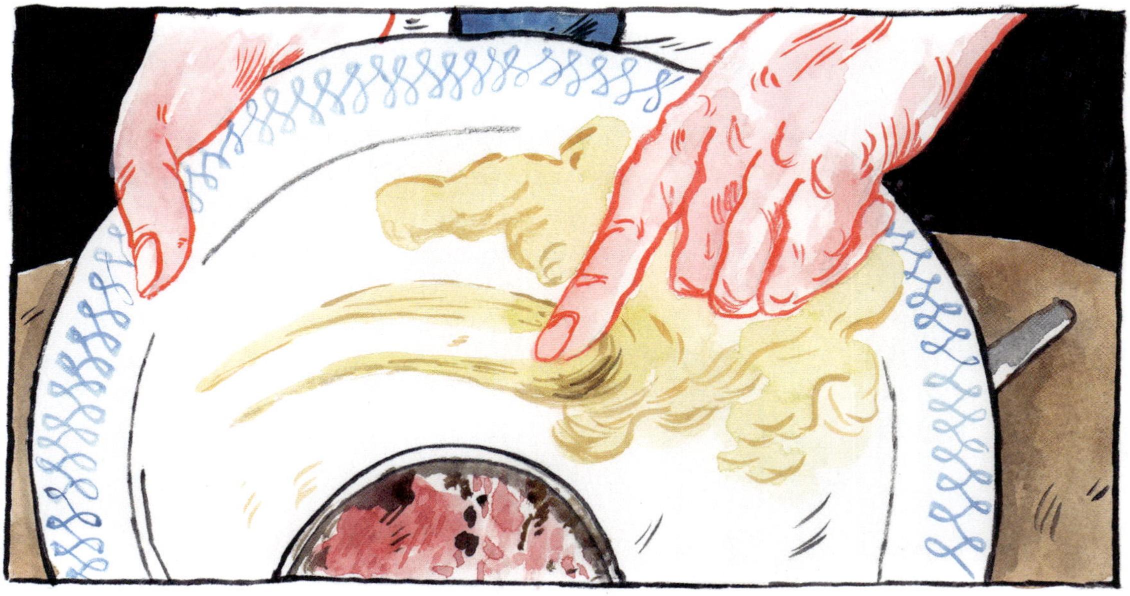

ÇA VA, LES GARS ?
ÇA VOUS A PLU ?
OH, TULIP, C'ÉTAIT DÉLICIEUX !

PITIÉ, APPELEZ-MOI DANNY. TULIP, C'EST BIEN JOLI POUR UNE FLEUR, MAIS ALORS COMME PRÉNOM… ENCORE UNE DES FANTAISIES DE MA MÈRE !
EH BIEN MERCI, DANNY. SANS VOULOIR ÊTRE DÉSOBLIGEANT, VOUS AVEZ CUISINÉ TOUT CELA TOUT SEUL ?
OUAIP ! JE SUIS SEUL EN CUISINE, CE SOIR. ET LA PLONGE, C'EST MOI AUSSI.
OÙ AVEZ-VOUS APPRIS TOUT ÇA ?
DE MON ANCIEN PATRON, BENOÎT, UN FRANÇAIS.

"C'ÉTAIT UN GRAND CHEF À LONDRES. IL A PRIS SA RETRAITE ICI ET PUIS IL A LOGIQUEMENT COMMENCÉ À S'ENNUYER COMME UN RAT MORT, ALORS IL A REPRIS LA CUISINE DE L'HÔTEL. J'AI ÉTÉ ENGAGÉ EN TANT QUE COMMIS À 15 ANS ET IL M'A APPRIS TOUT CE QUE JE SAIS."

"MAIS IL EST SUPER VIEUX, MAINTENANT, IL N'A PLUS UNE DENT. IL EST RETOURNÉ À LYON ET IL VIT DE SOUPE ET DE FOIE GRAS."

OUAIS. IL RÂLAIT TOUJOURS À PROPOS DE LONDRES.
"OH, DANNY, LE TRAFIC ! LE BOUCAN ! LES GENS ! ILS SONT TELLEMENT MALPOLIS ! TU LEUR SERS DE LA GRANDE CUISINE ET ILS TE DISENT : 'NON, JE VEUX DU MACDO'. OH LÀ LÀ !"
IL DÉTESTAIT LA VILLE, MAIS MOI, ÇA ME FAISAIT RÊVER.
VOUS N'Y ÊTES JAMAIS ALLÉ ?
NON... J'AIMERAIS BIEN Y ALLER AVEC ROWAN, MAIS LA VILLE, CE N'EST PAS SON TRUC.
LES GENS NON PLUS, D'AILLEURS.
VOUS DEVRIEZ VENIR DANS LE CAMBRIDGESHIRE POUR VOIR VOTRE NOUVELLE PROPRIÉTÉ. CERTES C'EST AU BEAU MILIEU DE NULLE PART, MAIS VOUS POURRIEZ PRENDRE LA VOITURE POUR LONDRES...
AU MILIEU DE NULLE PART ?
OH, OUI. LOIN DES REGARDS ET DE L'AGITATION. IL N'Y A PAS D'AUTRE MAISON À DES KILOMÈTRES À LA RONDE.

MAIS C'EST PARFAIT !
JE NE COMPRENDS TOUJOURS PAS POURQUOI VOUS VOULEZ FAIRE TOUT CE CHEMIN. SOYEZ PRUDENTS LÀ-BAS, LES GENS NE SONT PAS COMME ICI...
TOUT IRA BIEN, MAMAN !

IL A BIEN DIT QUE C'ÉTAIT LA SEULE MAISON DANS LE COIN. UN VRAI TROU PAUMÉ. ÇA VA TE PLAIRE, LÀ-BAS !
BEN VOYONS. LA MÉTROPOLE, C'EST BÉTON À GOGO ET CENTRALES NUCLÉAIRES !
MAMAN, ÇA IRA, JE TE JURE !
ON SERA DE RETOUR DANS QUELQUES JOURS... SANS DOUTE...
ET NE MANGEZ RIEN, TOUT EST BOURRÉ DE PRODUITS CHIMIQUES !
T'INQUIÈTE, JE TE DIS !

IL FAUT COMPTER AU MOINS QUINZE HEURES DE ROUTE JUSQU'À SAFFRON WALDEN.
ÇA FAIT DES ANNÉES QUE JE NE SUIS PAS ALLÉ EN MÉTROPOLE. JE CROIS MÊME QUE JE N'AI JAMAIS VU L'ANGLETERRE.
TU ES NÉ EN ANGLETERRE, ANDOUILLE.
BAH, JE M'EN SOUVIENS PAS... TU PENSES QUE ÇA VA ALLER POUR ELLE ?
MAMAN ? MAIS OUI. ELLE FERA UNE SÉANCE DE SPIRITISME OU JE NE SAIS QUOI.
GARDE BIEN TES CHAKRAS OUVERTS, ELLE VA T'ENVOYER DE L'ÉNERGIE COSMIQUE...

FOOD N' FUEL
24H
FOOD N' FUEL
RAAAH, MES CUISSES !
POURQUOI C'EST PLUS FATIGANT DE RESTER ASSIS AU VOLANT QUE DE BOSSER TOUTE LA JOURNÉE ?

LE LENDEMAIN, TULIP DÉCOUVRE À SON RÉVEIL QUE ROWAN EST DÉJÀ DEHORS...

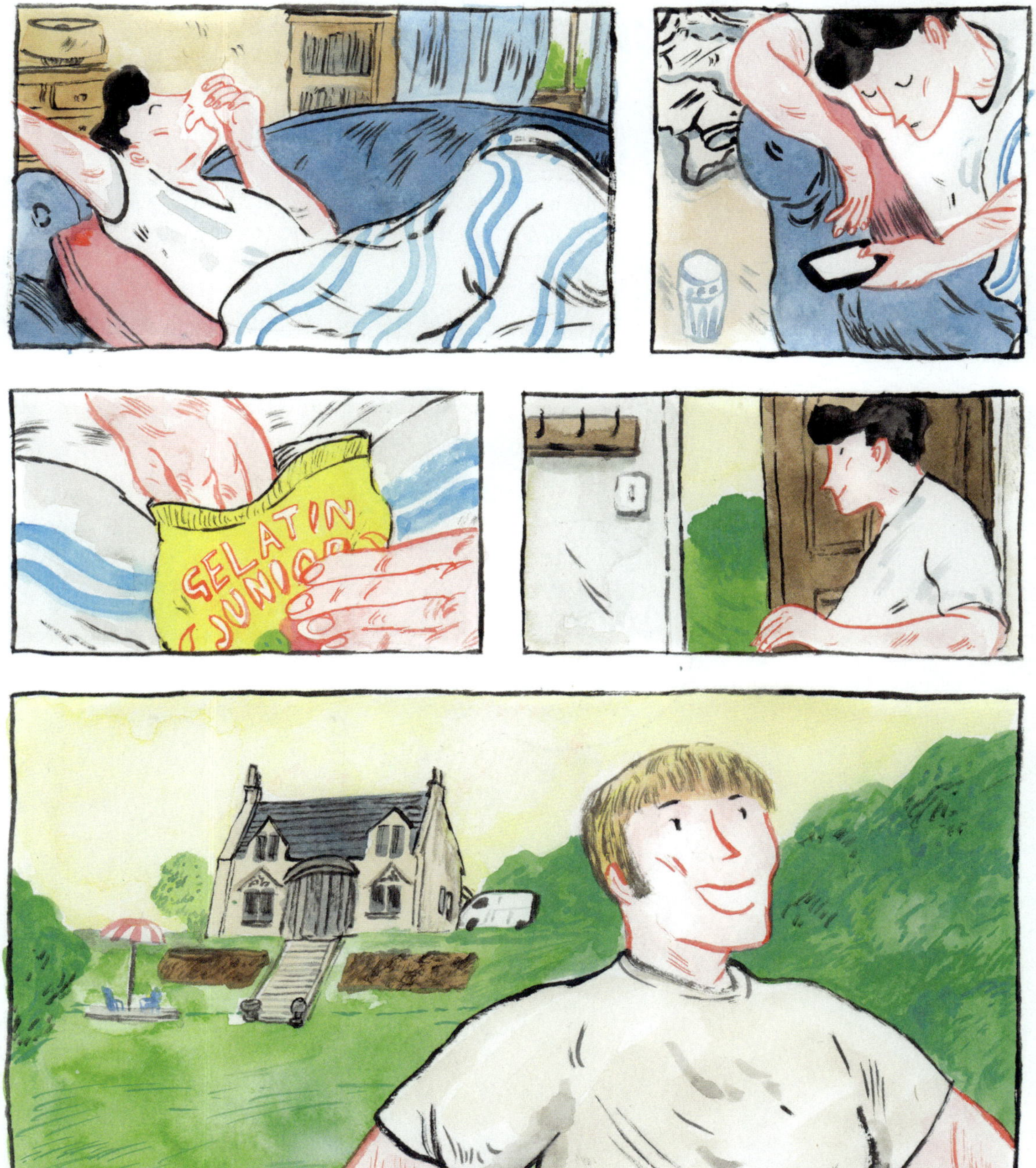

ALORS, ÇA TE PLAÎT ?
IL Y A TELLEMENT DE TERRAIN ! ET EXPOSÉ PLEIN SUD, EN PLUS !

IMAGINE : ICI, DES COURGETTES, DES CHOUX-FLEURS ET DES OIGNONS. ET LÀ, DES ARTICHAUTS ET DES AUBERGINES...
ON POURRAIT INSTALLER DES PARTERRES SURÉLEVÉS ICI...
... DÉFRICHER LES VIEUX PARTERRES DE FLEURS, PLANTER DES FRAISIERS À FLANC...
... DÉGAGER LE CHAMP POUR Y METTRE DES SERRES.
IL Y A MÊME UNE VIEILLE GRANGE. JE NOUS PROMETS DE SACRÉES RÉCOLTES, ICI !

J'AI DU MAL À CROIRE QUE LES GENS D'ICI MANGENT DES PLATS TOUT PRÉPARÉS ALORS QU'ILS POURRAIENT CULTIVER TOUTE CETTE TERRE !
JE ME DISAIS LA MÊME CHOSE.
CES GENS, ALORS... QUELLES FEIGNASSES !
SI SEULEMENT ON POUVAIT FAIRE QUELQUE CHOSE...
BIEN SÛR QU'ON PEUT, IDIOT !
ON A QU'À OUVRIR UN RESTAURANT !
TOI AUX SEMIS...
... ET MOI AUX FOURNEAUX !

TULIP & ROWAN
ET ON RÉGALERA LES MASSES AFFAMÉES DE BONS PETITS PLATS !
MAIS ON LES TROUVE OÙ, CES MASSES AFFAMÉES ?
À LONDRES, ÉVIDEMMENT.

CAMILA DE LAREINA
THE NEW FRAGRANCE
JE SENS QUE JE NE VAIS PAS AIMER. COMMENT TU SAIS QUE ÇA VA TE PLAIRE, TOI ?
C'EST LA DIFFÉRENCE ENTRE TOI ET MOI, MON GRAND.
MOI, JE VEUX GOÛTER AVANT DE DIRE SI ÇA ME DÉPLAÎT.

新春大吉
ON PEUT LEUR DEMANDER UNE FOURCHETTE, TU SAIS.
C'EST BON !
OH, JE VAIS EXPLOSER ! FINALEMENT, LA SALOPETTE, C'ÉTAIT PAS UNE MAUVAISE IDÉE...

ROSA'S
ALLEZ, UN PETIT DESSERT.
ENSUITE, UN TOUR AU PARC.
QUE DIRAIT MAMAN ?
EUH... ELLE NE SERAIT PAS CONTENTE.

ELLE DIRAIT QUE LEURS CHAKRAS SONT DANS UN SALE ÉTAT.
MAIS BON, ILS N'ONT PAS L'AIR MALHEUREUX, SI ?
2 BOULES...£5
3 BOULES...£6
St Guinefort
est. 1932
C'EST DONC LÀ QUE BENOÎT CUISINAIT.

DE LA VRAIE CUISINE FRANÇAISE. JE ME DEMANDE CE QUE ÇA FAIT DE VIVRE EN FRANCE.
PAS DE PLAT PRÉPARÉ, LÀ-BAS, JE PARIE.
ÇA DOIT ÊTRE UNE VERSION MODERNISÉE, JE N'AI JAMAIS VU BENOÎT CUISINER COMME ÇA...
TU SAIS, C'EST CHOUETTE LE TEMPS D'UNE JOURNÉE, MAIS LE BON VIEUX CHOU COMMENCE À ME MAN-QUER.
QUAND ON AURA FINI AVEC CETTE VILLE, TOUT LE MONDE VOUDRA DU CHOU !

"ON PEUT Y ARRIVER", SE DIT ROWAN EN SE GAVANT D'ESPUMA, ANIMÉ D'UNE FIERTÉ FAROUCHE. IL JETTE UN ŒIL À CETTE ASSEMBLÉE, SES FUTURES OUAILLES. IL CONVERTIRA CES PAÏENS, VICTIMES DE NOURRITURE POLLUÉE ET TRANSFORMÉE, EN ADEPTES D'UNE CUISINE SAINE ET NATURELLE.

EMPLI D'INSPIRATION, ROWAN RETOURNE EN ÉCOSSE POUR RASSEMBLER SON MATÉRIEL. SA MÈRE A BEAU RENÂCLER À LES VOIR PARTIR, ELLE COMPREND LA CONVICTION DE ROWAN. TULIP, LUI, RESTE À LONDRES À LA RECHERCHE D'UN LIEU. MAIS EN L'ABSENCE DE SON FRÈRE, SON ASSURANCE SE MET À VACILLER.

RATS :
* COMMIS DE CUISINE, CLEPTOMANE.
* BEAUCOUP D'EXPÉRIENCE.
* A ÉTÉ VIRÉ DE TOUS SES PRÉCÉDENTS POSTES.
EUH... VOUS POUVEZ, EUH...
PAS ICI !
FAITES GAFFE, S'IL VOUS PLAÎT !
KATHY :
* SERVEUSE.
* PEUT TRAVAILLER LES SAMEDIS MAIS QU'À PARTIR DE 16H30 ET PAS LES DIMANCHES SAUF SI ELLE PEUT SÉCHER LE LUNDI À CONDITION QU'ELLE N'AIT PAS COURS AVANT 18 HEURES.
CATHY :
* SERVEUSE.
* DISPONIBLE TOUS LES JOURS MAIS PAS APRÈS 16 HEURES ET PAS NON PLUS AVANT MIDI LES SAMEDIS APRÈS 19 HEURES SAUF SI MARDI TOMBE ENTRE MIDI ET 22 HEURES OU 10 HEURES. ENFIN, VOUS VOYEZ, QUOI.
MAIS ALORS QU'IL S'ÉTAIT RÉSOLU À DEVOIR ABATTRE À LUI SEUL LE TRAVAIL D'UNE BRIGADE ENTIÈRE, UN MIRACLE PASSE LE PAS DE LA CUISINE AVEC DIFFICULTÉ.

TROP GÊNÉ À L'IDÉE DE RENVOYER LA TIMIDE VIEILLE DAME, TULIP LA FAIT ENTRER. LA RESTAURATION N'EST PAS TENDRE AVEC L'ORGANISME. LE CORPS DOIT POUVOIR DÉVALER DES ESCALIERS, PORTER DE LOURDES MARMITES ET S'ACCROUPIR POUR CHERCHER DES USTENSILES SOUS LE PLAN DE TRAVAIL PLUSIEURS DIZAINES DE FOIS PAR JOUR.

TULIP L'OBSERVE DÉPOSER MALADROITEMENT SON SAC ET SON MANTEAU AVANT DE JAUGER LA SÉLECTION FAMÉLIQUE D'INGRÉDIENTS SUR LE PLAN DE TRAVAIL.

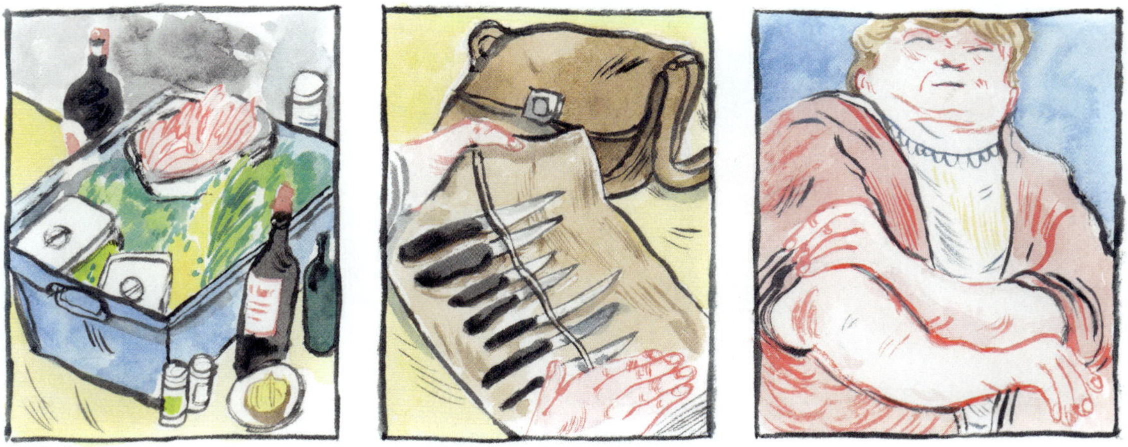

MAIS SA CURIOSITÉ EST PIQUÉE AU VIF LORSQUE MABEL SORT UN ENSEMBLE DE COUTEAUX DE QUALITÉ. IL RECONNAÎT L'ASSURANCE AVEC LAQUELLE ELLE EMPOIGNE LA POÊLE. EN UN INSTANT, UNE ÉCHALOTE EST DÉBITÉE. D'UNE MAIN, ELLE PRESSE UN CITRON TANDIS QU'UNE GOUSSE D'AIL EST RÉDUITE EN PURÉE FINE.

DES POMMES DE TERRE SONT ÉCRASÉES, DES HERBES AROMATIQUES MÉLANGÉES PLUS VITE QUE TULIP N'EST CAPABLE DE LE VOIR ET DES AILES DE POULETS SONT DÉSOSSÉES, ASSAISONNÉES ET SAUTÉES.

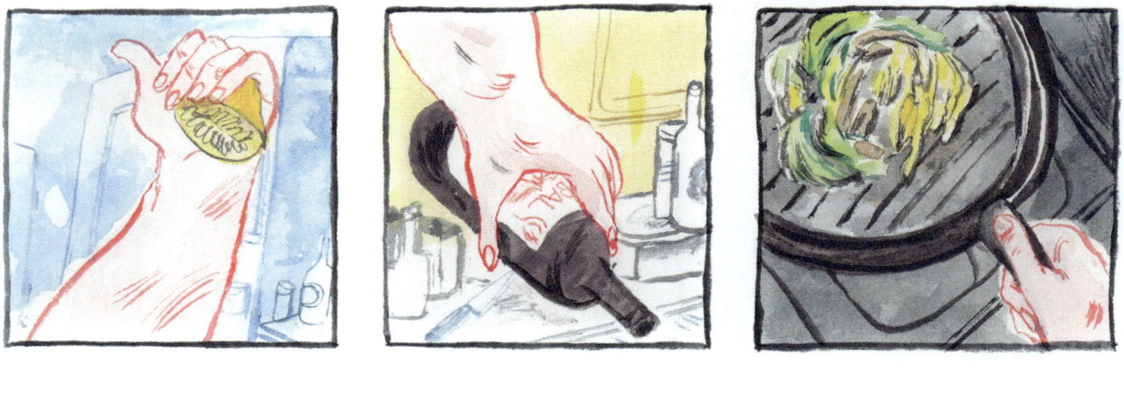

BON, CE N'EST PAS VRAIMENT... EN TEMPS NORMAL, JE N'UTILISERAIS PAS D'ÉCHALOTE. LE GOÛT RISQUE D'ÊTRE UN PEU... ENFIN, J'ESPÈRE QUE ÇA IRA.
C'EST INCROYABLE ! OÙ AVEZ-VOUS APPRIS ÇA ?
JE SUIS UN PEU ROUILLÉE, MAIS IL Y A VINGT ANS, J'ÉTAIS SOUS-CHEF AU BISTROT DES FAUVES.
LE BISTROT DES FAUVES ?!

MAIS VOUS POURRIEZ TRAVAILLER N'IMPORTE OÙ, NON ?
"BAH, VOUS CONNAISSEZ LES FRANÇAIS... MON MARI ÉTAIT PROPRIÉTAIRE, IL AVAIT LE TITRE DE 'CHEF', MAIS IL N'ÉTAIT JAMAIS EN CUISINE."
"NOUS AVONS DIVORCÉ, J'AI EU LA GARDE DES ENFANTS ET IL A GARDÉ SES ÉTOILES AU MICHELIN."
AUJOURD'HUI, LES GENS NE VOIENT QU'UNE VIEILLE AVEC UNE COUPE DÉMODÉE ET UN TROU DE VINGT ANS DANS SON C.V.
EH BIEN NOUS SOMMES CENSÉS OUVRIR DANS DEUX SEMAINES, ET SANS VOUS, CE SERA IMPOSSIBLE !

SUEUR, SOLEIL ET POLLUTION ATMOSPHÉRIQUE : L'ÉTÉ LONDONIEN.
TULIP A OUVERT SON RESTAURANT !
TULIP'S
TULIP'S
MUSTAFA ! MERCI D'ÊTRE VENU !
OUAIS, ÇA M'A FAIT DE LA ROUTE, TU SAIS.

LE PRINCIPE EST SIMPLE, MÊME SI L'AMBITION EST GRANDIOSE.
COMMENT TU AS FAIT POUR TE COUVRIR DE BOUE COMME ÇA ?
OH... JE NE SAIS PAS.
LES PRODUITS FRAIS SONT RÉCUPÉRÉS À LA FERME DE ROWAN PAR DEUX FRANGINS POLONAIS HAUTS EN COULEUR ET TELLEMENT LÈVE-TÔT QU'ILS NE SONT JAMAIS COINCÉS DANS LES EMBOUTEILLAGES LONDONIENS.

UN MENU SIMPLE EST ÉLABORÉ AUTOUR DES PRODUITS DE SAISON, ET CE QUE ROWAN NE PEUT CULTIVER EST ACHETÉ AUPRÈS DES MEILLEURS PRODUCTEURS BIO.

SOUS L'ŒIL VIGILANT DE TULIP, TOUT EST PRÉPARÉ À LA DERNIÈRE MINUTE POUR ASSURER LA FRAÎCHEUR DE SA "CUISINE DU TERROIR".

ATTENTION ! NE LAISSE PAS LE GIBIER SÉCHER !
OUI, CHEF !
COMBIEN DE TEMPS ENCORE, LE PORC ?
QUATRE MINUTES, CHEF.

LA FRAÎCHEUR INCOMMENSURABLE DES PRODUITS ASSURE LEURS QUALITÉS NUTRITIVES.

IL PEUT ENFIN SE CONSIDÉRER COMME UN AUTHENTIQUE RESTAURATEUR LONDONIEN.

QU'EST-CE QUE ÇA DIT ?
ILS ONT TOUS LE SOURIRE, CHEF.
TULIP'S
DE LA SOUPE D'ORTIES, COMME C'EST ORIGINAL !
J'AI ADORÉ LES SOUFFLÉS. CELA FAISAIT UNE ÉTERNITÉ QUE NOUS N'AVIONS PAS TERMINÉ NOS ASSIETTES !

NICKEL, MON FRÈRE !
TON GIBIER, FAUT LE METTRE DANS UNE GALETTE !
DÉLICIEUX !
MERCI ! RAVI QUE VOUS AYEZ PU VENIR.
JE SUIS TELLEMENT HEUREUX QUE VOUS VOUS SOYEZ LANCÉS, TOUS LES DEUX ! BON NOMBRE AURAIENT SIMPLEMENT VENDU LA MAISON POUR TOUCHER L'ARGENT. JE VOUS AI APPORTÉ UN PETIT QUELQUE CHOSE POUR FÊTER ÇA.
C'EST UN MILLÉSIME ASSEZ RARE, IL ME SEMBLE.
VOUS POURREZ L'OUVRIR ENSEMBLE POUR FÊTER L'ANNIVERSAIRE DE VOTRE AFFAIRE.
ETOIL

BRAVO, FRANGIN.
TOUS CES COSTARDS CRAVATES N'ONT PROBABLEMENT JAMAIS MANGÉ QUELQUE CHOSE D'AUSSI FRAIS ET BON DE TOUTE LEUR VIE.
TU ES PRÊT À REMETTRE LE COUVERT DEMAIN ?
JE SUIS RINCÉ ! À PEINE OUVERT QU'IL ME FAUDRAIT DÉJÀ DES VACANCES.
SI JE PEUX T'AIDER À QUELQUE CHOSE...
ALLEZ, TU BOSSES DÉJÀ ASSEZ DUR À LA FERME !

BAH, C'EST LA TERRE QUI FAIT L'ESSENTIEL DU BOULOT.

MAIS CONTRAIREMENT AU SOL FERTILE DE ROWAN, LES CAPRICES DE LA CLIENTÈLE SONT IMPOSSIBLES À PRÉDIRE. UNE DIZAINE DE LONDONIENS PEUVENT BIEN BRAVER LES AVERSES UN SOIR POUR ALLER CHEZ TULIP, ET BOUDER ENTIÈREMENT LE RESTAURANT LE LENDEMAIN.

LES COMMANDES SONT SURESTIMÉES OU LIVRÉES TROP TARD. LES EMPLOYÉS CRAQUENT.
CONNARD !
GARCE !
ENTRE LES INTERMINABLES HEURES DE TRAVAIL ET LES NUITS TROP COURTES, TULIP EST MAINTENU DANS UN MOUVEMENT PERPÉTUEL.
T'EN FAIS PAS, DANNY. OCCUPE-TOI DES FACTURES, JE VAIS FILETER LE SAUMON.
QU'EST-CE QUE JE FERAIS SANS TOI ?
TU DEMANDERAIS À RATS S'IL SAIT FILETER !
HA HA ! SI JE LE PRENDS ENCORE À FUMER DERRIÈRE LES POUBELLES, JE T'AUTORISE À LE FILETER LUI !

IL EST BIO ?
J'EN DOUTE !
TU SAIS, DANNY, TU DEVRAIS INSCRIRE LE RESTAU SUR UN SITE.
EN ÉTANT SUR LE NET, LES GENS POURRAIENT RÉSERVER DEPUIS UNE APPLI.
MA COUSINE, TU VOIS, ELLE A LANCÉ UN POP-UP STORE DE YAOURTS GLACÉS. C'EST DEVENU VIRAL, ELLE S'EST FAIT UN PAQUET DE THUNES.

TULIP A FAIT L'ÉCOLE À DOMICILE ET N'A JAMAIS ÉTÉ VACCINÉ.
CE QUE RACONTE OLIVE NE LUI INSPIRE RIEN, SI CE N'EST UNE ANGOISSE ABSOLUE À L'IDÉE QUE QUOI QUE CE SOIT PUISSE ÊTRE VIRAL.

K
KEBAB
NAN, MEC, PARCE QUE J'ADORE CUISINER. AVEC UN PEU DE TEMPS, TU FINIRAS PAR TROUVER TON CRÉNEAU. ÇA FAIT SEIZE ANS QU'ON EST LÀ, NOUS.

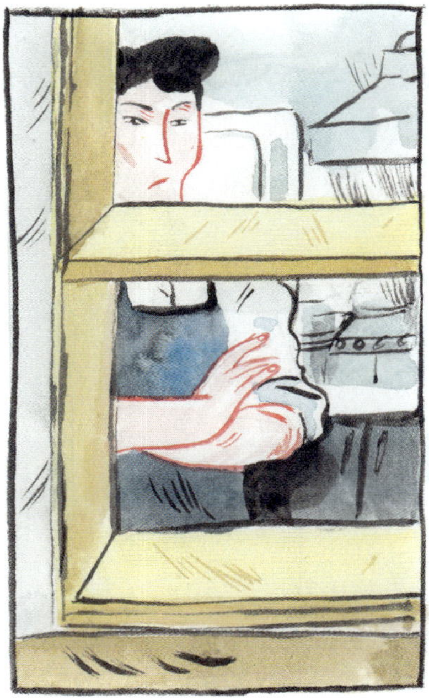

CONTRAIREMENT AU RÊVE ÉVANGÉLISTE DE ROWAN, LA NOURRITURE BIO PRODUITE LOCALEMENT N'A RIEN D'ORIGINAL. CE QUE TULIP ESPÉRAIT VENDRE COMME UNE NOUVEAUTÉ EST DÉJÀ ÉCLIPSÉE PAR LA MODE DES SUPER ALIMENTS, DES RÉGIMES DÉTOX CALIFORNIEN OU DES BAIES "PURGATIVES" D'ASIE DU SUD-EST.

JE SUIS TELLEMENT CREVÉ... MA TRONCHE RESSEMBLE À UN FILET DE VEAU.
THÉ ?
MERCI.
DIS DONC, T'AS VRAIMENT PAS TOUCHÉ À LA DÉCO !
TU NE VEUX PAS ACCROCHER DES PHOTOS À TOI SUR LES MURS ?
C'EST UN PEU MORBIDE DE VOIR ENCORE LEURS PORTRAITS.

ET LEURS BOUQUINS...
... ET ÇA, CE SONT SES CHAUSSONS !
ILS NE TE VONT MÊME PAS !

JE NE VIS PAS VRAIMENT DANS LE RESTE DE LA MAISON. UNE CHAMBRE POUR DORMIR, UNE PIÈCE POUR MANGER.

RESTER ENFERMÉ DANS LE NOIR, C'EST BON POUR LES OIGNONS, MAIS PAS POUR UN BONHOMME !

TU NE REÇOIS PAS BEAUCOUP, HEIN ?
PAS ICI.
"MAIS IL Y A UN CHOUETTE PUB AU VILLAGE. JE SUIS ALLÉ À LA FÊTE ANNUELLE, LA SEMAINE DERNIÈRE. TU DEVRAIS Y FAIRE UN TOUR, TOUT LE MONDE VEUT TE RENCONTRER !"
THE STAG
MAMAN NOUS A ÉCRIT. AVEC SES COPINES, ELLES ONT PLACÉ UN SORT DE PROTECTION SUR LE RESTO.
AH, VRAI-MENT...
TU AS EU LE TEMPS DE LUI ÉCRIRE ?

J'AI À PEINE LE TEMPS DE DORMIR !
QU'EST-CE QU'ON S'IMAGINAIT ? QUELLE IDÉE RIDICULE... OUVRIR UN RESTAURANT, ET PUIS APRÈS ?
ON VA REVENIR LA QUEUE ENTRE LES JAMBES...
REGARDE UN PEU TOUT ÇA, ÇA VA TE REMONTER LE MORAL.
POUR UNE PREMIÈRE ANNÉE, C'EST DU JAMAIS-VU.
ON VA RÉCOLTER DE QUOI FAIRE LE PROCHAIN MENU. ENSUITE, TU POURRAS FAIRE DES CONSERVES PARCE QU'ON N'AURA JAMAIS ASSEZ DE CLIENTS POUR TOUT MANGER.

IMPRESSION-NANT, HEIN ?
DONC, LÀ, TU AS LES OIGNONS.
RENIFLE UN PEU L'AIL.
J'AI MIS LES PETITS POIS ET LES HARICOTS ICI.
LÀ, ON A LES ASPERGES ET LES ARTI-CHAUTS.
J'AURAIS JAMAIS CRU POUVOIR EN FAIRE POUSSER.
ET REGARDE-MOI CES FRAISES !

COMMENT ÊTRE MALHEUREUX AVEC DES FRAISES PAREILLES ?
VOILÀ LES COCHONS.
ET LE GIBIER, JE LE CHASSE DANS LES BOIS.
TU N'ES PAS CENSÉ AVOIR UN PERMIS POUR ÇA ?
OH, SI... SANS DOUTE.

MAIS REGARDE UN PEU.
LE JARDIN ÉTAIT SANS DOUTE PLUS GRAND AU XIXe SIÈCLE.
GOÛTES-EN UN.

AH, SUPER, DES CHANTERELLES.
AH, MAIS NON, C'EST PAS ÇA.
AUCUNE IDÉE DE CE QUE C'EST, JE NE LES AI TROUVÉS DANS AUCUN LIVRE.
VAUT MIEUX PAS Y TOUCHER, ALORS. JE NE VAIS PAS EMPOISONNER MES RARES CLIENTS AVEC DES CHAMPIGNONS INCONNUS.
J'EN AI MANGÉ PLEIN ET JE NE SUIS PAS MORT.

LA PREMIÈRE CHOSE QUE TULIP REMARQUE EST L'ARÔME DE NOISETTE, TERREUX ET FUMÉ, COMME SI L'AIR ÉTAIT RÉCHAUFFÉ PAR LES RAYONS DE SOLEIL PERÇANT À TRAVERS LE FEUILLAGE DES ARBRES.
IL GRIGNOTE L'EXTRÉMITÉ DE LA COROLLE, ET LE GOÛT FUMÉ EST AUSSITÔT REHAUSSÉ PAR UNE POINTE ACIDE, PRESQUE PIQUANTE.
COMME POUSSÉ PAR UNE MAIN INVISIBLE, IL ENGLOUTIT LE RESTE DU CHAMPIGNON, LE MÂCHE GOULÛMENT ET RETROUVE LE PARFUM DE NOISETTE, RENFORCÉ PAR LA SAVEUR DE LA TERRE GRASSE ET RICHE, SEMBLABLE À DE LA VIANDE SALÉE.
IL S'ATTARDE SUR LE GOÛT DU CHAMPIGNON. IL SONGE AUX RAYONS DE SOLEIL QUI PÉNÈTRENT LA CANOPÉE, À LA COULEUR DU LICHEN SUR L'ÉCORCE, COMME SI LE SOLEIL VENAIT EFFLEURER UNE LÉGÈRE BRUME DE MER.

IL PENSE À SON FRÈRE, À SON RESTAURANT, À SES CLIENTS RAVIS, À SES CAMARADES DE CUISINE, À LA JOIE DE MANIER LES INGRÉDIENTS, DE CUISINER, DE CRÉER, DE SERVIR À MANGER.
SON AMBITION DE CONQUÉRIR LONDRES, DE RÉPANDRE LA BONNE PAROLE, DE MONTRER AU MONDE CE DONT IL EST CAPABLE. SON TALENT, SA VISION. TOUT CELA NE PEUT PLUS ATTENDRE.

SA POITRINE BRÛLE ET PALPITE D'EXCITATION.
OUAIS, PAS MAU-VAIS. ON VA LES ESSAYER COMME ENTRÉES.
IL FAUT LES TAPOTER UN PEU POUR CHASSER LES INSECTES.

TULIP'S
MERCI DE FERMER LA PORTE
SORTIE DE SECOURS

FOUTUE GRÈVE DE MÉTRO.
ON NE PEUT PLUS ALLER NULLE PART, MAINTENANT.
JE VAIS PRENDRE UNE PINTE DE LAGER ET... NAN, J'AIME PAS LES CHAMPIGNONS.
'Z'AURIEZ PAS DU PAIN À L'AIL ?
J'VAIS PRENDRE LES CHAMPIGNONS, MOI.
DIS DONC, ILS ONT PAS L'AIR MAUVAIS !
PAS TOU-CHE !

POUR UNE FOIS, LE COUPLE PART AVEC LE SOURIRE. ET, À LA GRANDE SURPRISE DE TULIP, ILS REVIENNENT LE LENDEMAIN.

ENCOURAGÉ PAR CE SUCCÈS, TULIP DEMANDE À ROWAN DE FOURNIR DAVANTAGE DE CHAMPIGNONS.

ON ENVOIE !

LES CLIENTS SONT SAISIS NON SEULEMENT PAR LE GOÛT EXQUIS DES CHAMPIGNONS, MAIS ÉGALEMENT PAR LA MÊME VIVACITÉ DÉBORDANTE ET JOYEUSE.
TULIP LES ACCOMMODE AVEC DES TAGLIATELLES, DES LARDONS ET DES ASPERGES.
PUIS IL LES MARIE À UNE VENAISON AUX ÉCHALOTES ACCOMPAGNÉE DE CHOUX ET DE PURÉE DE NAVET.

DES BANLIEUSARDS ÉPUISÉS ARRIVENT ET S'AFFALENT À LEUR TABLE AVANT DE REPARTIR COMPLÈTEMENT REVIGORÉS.
DES ADOLESCENTS MOROSES SE TRANSFORMENT EN ANGES GRACIEUX.

DES GRANDS-PARENTS À L'ÂGE CANONIQUE ENTRENT PÉNIBLEMENT APPUYÉS SUR LEUR CANNE ET RESSORTENT EN SAUTILLANT APRÈS LEUR REPAS.

CE MÊME SENTIMENT S'EMPARE DU RESTAURANT TOUT ENTIER. POUR LA PREMIÈRE FOIS, LES RÉSERVATIONS AFFICHENT COMPLET. LES CLIENTS RÉGULIERS SE RECONNAISSENT ENTRE EUX. DES GENS QUI, D'ORDINAIRE, NE FERAIENT QUE S'IGNORER DANS UN TRAIN BONDÉ SE RETROUVENT À DISCUTER CHALEUREUSEMENT ENTRE TABLÉES.
OH, CHAMONIX, J'ADORE !
C'EST UNE ADAPTATION MERVEILLEUSE, À VOIR, VRAIMENT !
FAIS UN EFFORT, TU COMMANDES TOUJOURS LA MÊME CHOSE QUE MOI.
VOUS SAVEZ, J'EN PARLAIS JUSTEMENT À MON MARI...

TULIP'S
TULIP'S

NOUS ACHETONS L'OR
POLSKI SKLEP
AUTO PARTS

LE DUR LABEUR EST RÉCOMPENSÉ PAR DAVANTAGE DE TRAVAIL, ET TULIP PEUT ENFIN EMBAUCHER DAVANTAGE DE PERSONNEL ET OUVRIR LE MIDI.

QUI PLUS EST, TULIP PEUT ENFIN QUITTER SON PETIT GRENIER POUR EMMÉNAGER DANS UN VÉRITABLE APPARTEMENT.

TU N'AS PAS D'AUTRES MEUBLES ?
J'AI LAISSÉ DES TRUCS AU GRENIER, JE N'EN AVAIS PAS VRAIMENT BESOIN.
JE PASSE MA VIE AU RESTAURANT.
INUTILE QUE JE M'ACHÈTE UNE TÉLÉ, JE NE LA REGARDERAI JAMAIS.
BIEN VU !

BON, ON A HUIT ENTRÉES AUX CHAMPIS, DEUX SCOTCH EGGS ET TROIS SOUPES.
MÊME AVEC LES NOUVEAUX CUISINIERS, TULIP N'A PAS LE TEMPS DE SE REPOSER. DU SERVICE OCCASIONNEL, IL EST PASSÉ AU COUP DE FEU PERMANENT.
OUI, CHEF !
ENSUITE, SIX TAGLIA-TELLES ET DIX VENAISONS, ET QUE ÇA SAUTE !
OUI, CHEF !
DIX ?!

IL NE FAUT PAS LONGTEMPS AVANT QUE LE RESTAURANT N'ATTIRE L'ATTENTION D'UN CRITIQUE GASTRONOMIQUE INFLUENT.
UN RESTAURATEUR EXPÉRIMENTÉ SAURAIT RAPIDEMENT EN TIRER PARTI ET S'ATTIRER LES BONNES GRÂCES DU MONDE IMPITOYABLE DE LA CRITIQUE CULINAIRE.

L'ARTICLE EST UNE BELLE SURPRISE QUI VIENT RÉCOMPENSER SON TRAVAIL ACHARNÉ ET SON TALENT.

AIGUILLÉS PAR LA RECOMMANDATION, D'INTRÉPIDES GOURMETS DAIGNENT ABANDONNER LE CONFORT D'ISLINGTON ET DE STOKE NEWINGTON POUR SE RENDRE EN PÈLERINAGE CHEZ TULIP.

LA FIN DE CHAQUE SERVICE, AUSSI ÉPUISANTS SOIENT-ILS, DEVIENT UN MOMENT À FÊTER POUR TULIP ET SA BRIGADE.

TULIP SE MET À APPRÉCIER LA VIE NOCTURNE LONDONIENNE.

TOC TOC !

... ET EN FAIT, IL EST CHEF AU TROU NOIR, UNE BOÎTE SUR LE THÈME DE L'ESPACE.
ON A MANGÉ DES TACOS SUR LE DANCEFLOOR, T'AURAIS ADORÉ.
CE N'EST PAS BIZARRE DE FAIRE UN DÎNER ASSIS DANS UNE BOÎTE DE NUIT ?
HAH. JE N'Y AVAIS MÊME PAS PENSÉ.

POUR LES LÉGUMES D'HIVER, ON AURA DES TOPINAMBOURS, DES NAVETS...
ENSUITE, DE LA RHUBARBE POUR LES DESSERTS.
JE PENSAIS PLUTÔT À ALLIER LA RHUBARBE À DU PORC. LE SUCRÉ AVEC LE SALÉ DE LA PEAU CROUSTILLANTE, TU VOIS ?
TU SAVAIS QUE LES TOPINAMBOURS ÉTAIENT AUSSI APPELÉS "ARTICHAUTS DE JÉRUSALEM" ?
MAIS ILS N'ONT RIEN À VOIR AVEC LA VILLE, CE SONT DES FERMIERS QUI AURAIENT MAL INTERPRÉTÉ LE NOM ITALIEN, GIRASOLE, QUI VEUT DIRE "TOURNESOL".
HA HA ! CRÉTINS DE FERMIERS.
ENFIN... SAUF TOI, BIEN SÛR.

BON, SI JAMAIS ON TOMBE À COURT DE CHAMPIGNONS, EST-CE QUE ÇA IRA ?
BIEN SÛR. C'EST JUSTE UN INGRÉDIENT.
LES CLIENTS SE RABATTRONT SUR AUTRE CHOSE SANS SOUCI.
POURQUOI ?
TU CROIS QU'ILS NE VONT PAS REPOUSSER ?

C'EST DUR DE PRÉVOIR AVEC LA CUEILLETTE. J'AI FOUILLÉ DANS TOUTE LA FORÊT POUR EN TROUVER D'AUTRES.
JE POURRAIS ESSAYER D'EN METTRE EN CONSERVE, AU CAS OÙ.
JE LEUR AI AJOUTÉ DU COMPOST, POUR VOIR SI ÇA AIDE.
O.K. ET JE PEUX AUSSI EN UTILISER MOINS.
COMME AVEC LES TRUFFES, PLUTÔT QUE D'ARRÊTER CARRÉMENT D'EN SER-VIR.

BON, JE FERAIS MIEUX DE RENTRER À LONDRES.
TU NE RESTES PAS ?
JE PENSAIS QU'ON POURRAIT ALLER AU PUB. ILS ADORERAIENT TE RENCONTRER, J'EN SUIS SÛR.
JE SUIS VRAIMENT CREVÉ. JE SUIS SORTI TOUTE LA NUIT ET IL FAUT QUE JE RENTRE, QUE JE PRÉPARE LE MENU, QUE J'ESSAIE LES CONSERVES DE CHAMPIGNONS, SINON...
TRÈS BIEN.

LA PÉNURIE DE CHAMPIGNONS REND DE NOUVEAU TULIP NERVEUX. ET L'ANGOISSE, COMME LA FAIM, REVIENT TOUJOURS. SON SUCCÈS, SES CLIENTS, SES CRITIQUES DITHYRAMBIQUES PEUVENT BIEN L'APAISER POUR LE MOMENT, MAIS IL PEINE À SATISFAIRE CE BESOIN GRANDISSANT DE VALIDATION QUI LE RONGE BIEN AU-DELÀ DE SON ESTOMAC.

IL CULTIVE TOUS NOS PRODUITS DANS NOTRE FERME FAMILIALE, MAIS C'EST LE CHAMPI-GNON ROWAN...
... QUI DOIT SON NOM À SON DÉCOUVREUR...
... QUE NOUS TROUVONS PARTICULIÈ-REMENT DÉLICIEUX.
VOTRE MENU EST POUR L'ESSENTIEL SAISONNIER, MAIS EST-CE QUE LE CHAMPIGNON ROWAN PEUT ÊTRE DÉGUSTÉ À N'IMPORTE QUEL MOMENT DE L'ANNÉE ?
NATUREL-LEMENT ! NOUS NE TRAVAILLONS QU'AVEC CE QU'IL Y A DE PLUS FRAIS.

MAIS TANT QUE LES CLIENTS MANGERONT DES CHAMPIGNONS, NOUS LEUR SERVIRONS !
SUPER ! ET SI VOUS POUVIEZ JUSTE VOUS TOURNER VERS MOI ET ME FAIRE UN BEAU SOURIRE...
PARFAIT !

"À N'IMPORTE QUEL MOMENT DE L'ANNÉE" ?!
MAIS QUEL IDIOT !

TULIP'S
TULIP'S
BON, ON SE VOIT DEMAIN.
SALUT, CHEF.
DÉSOLÉ, NOUS SOMMES FERMÉS.

DANNY, C'EST ÇA ?
J'AI APPELÉ POUR DÉCROCHER UN RENDEZ-VOUS. 'Z'AVEZ PAS DE SECRÉTAIRE, HEIN ?
PFIOU !
QUEL BEL ENDROIT.
PAS ENCORE EU LE TEMPS DE MANGER ICI.
MAIS C'EST SYMPA DE VOIR LE QUARTIER SE REDYNAMISER...

EH BIEN PASSEZ DONC QUAND NOUS SERONS OUVERTS...
ÉCOUTEZ, JE SUIS VENU PARLER AFFAIRES. JE VOULAIS VOUS TÉMOIGNER MON ADMIRATION. EST-CE QU'ON POURRAIT S'ASSEOIR POUR DISCUTER ?
BIEN SÛR.
PFIOU, PAS D'ASCEN-SEUR ?
VOILÀ LE TOPO.
JE DIRIGE, ENTRE AUTRES, UNE SORTE D'ENTREPRISE DE SÉCURITÉ.

C'EST UN CHOUETTE PETIT BISTROT QUE VOUS AVEZ LÀ. 'Z'AVEZ SANS DOUTE BESOIN DE PROTECTION DANS CE QUARTIER...
NON, JE N'AI PAS L'IMPRESSION...
ET POURTANT. POUR UN FORFAIT MODESTE, NOUS VOUS ÉVITONS TOUTES SORTES D'ENNUIS.
PNEUS CREVÉS, VITRINES BRISÉES, CE GENRE DE CHOSES.
POUR ÇA, IL SUFFIT D'ALLER VOIR LA POLICE, NON ?
VOUS CROYEZ ÇA, VRAIMENT ?
ET AU BOUT DE COMBIEN DE RATS MORTS UN RESTAURANT DOIT ÊTRE FORCÉ DE FERMER ?

VOUS ÊTES EN TRAIN DE ME RACKETTER ?
IL A ENFIN COMPRIS ! MALIN, L'ASTICOT.
T'ES NOUVEAU, ICI.
JE NE VAIS PAS TE METTRE SUR LA PAILLE. JE VEUX JUSTE UNE CONTRIBUTION RAISONNABLE.
OÙ EST LE CASH ?
DANS LE COFFRE, À L'ÉTAGE.

ON Y VA ?
COMBIEN VOULEZ-VOUS... ?
ENFIN...
... IL EST SANS DOUTE VIDE.
ON N'A PAS DE LIQUIDE...
IL EST... À... LA BANQUE.
DITES, VOUS ALLEZ BIEN ?

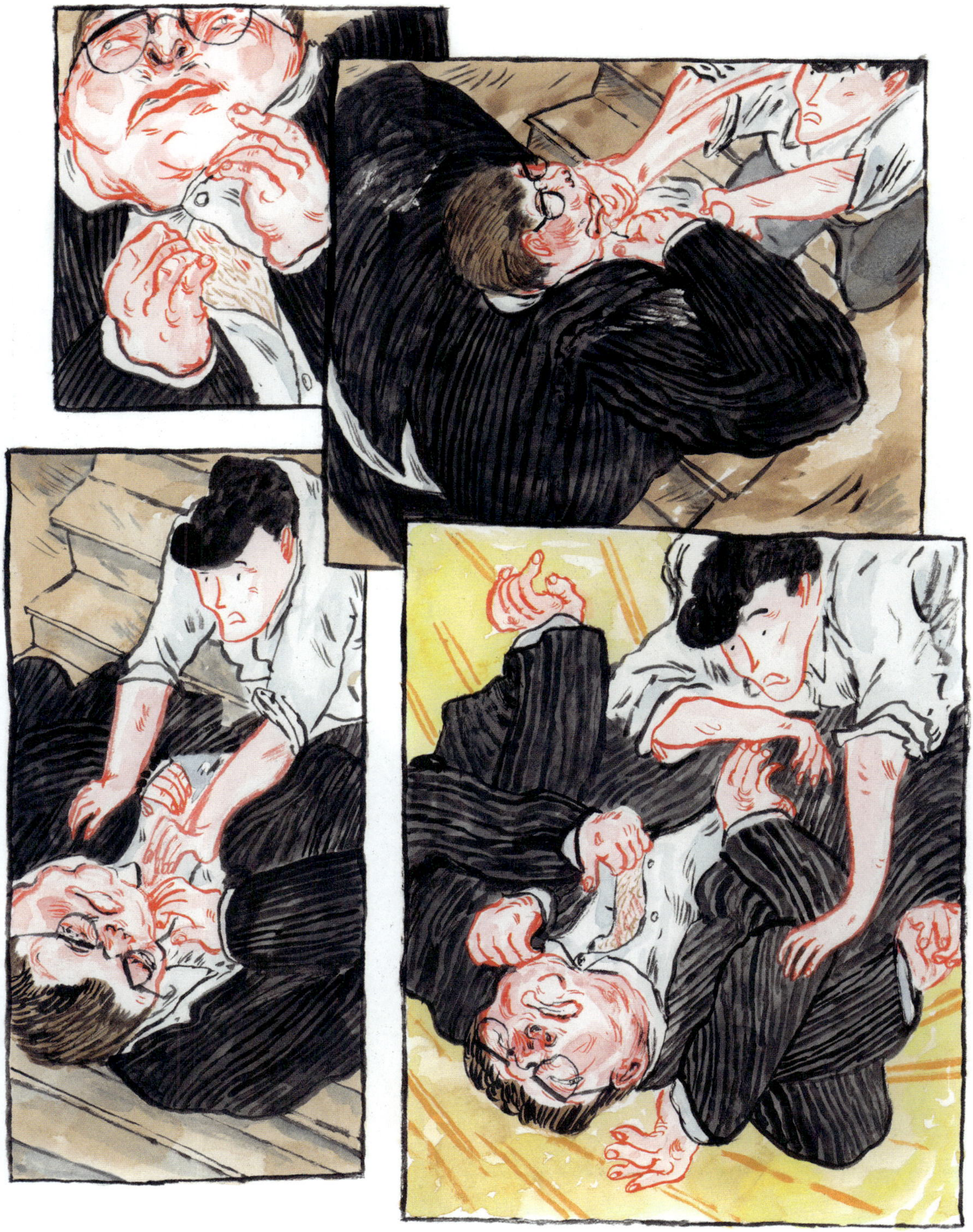

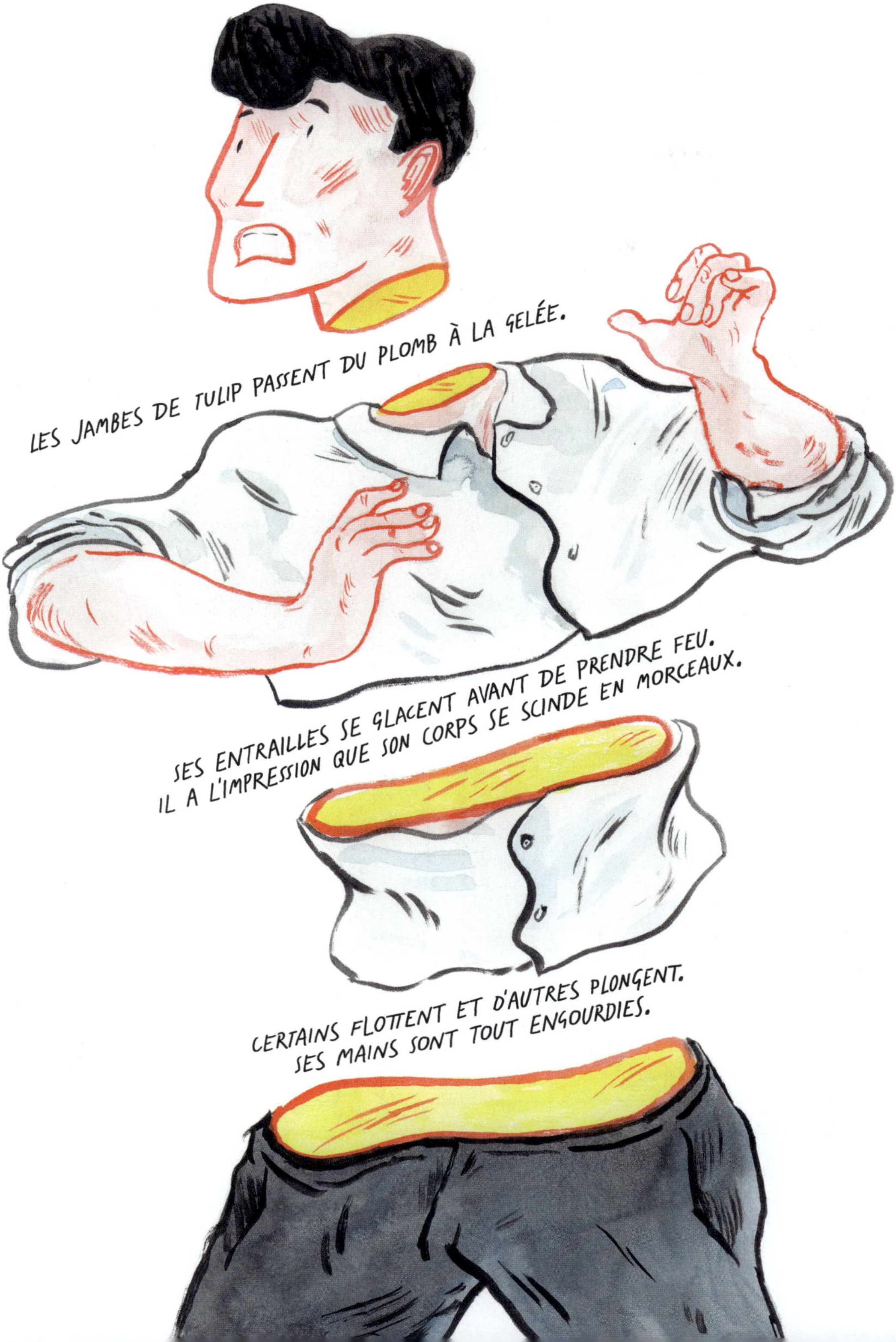
LES JAMBES DE TULIP PASSENT DU PLOMB À LA GELÉE.
SES ENTRAILLES SE GLACENT AVANT DE PRENDRE FEU.
IL A L'IMPRESSION QUE SON CORPS SE SCINDE EN MORCEAUX.
CERTAINS FLOTTENT ET D'AUTRES PLONGENT.
SES MAINS SONT TOUT ENGOURDIES.

IL SONGE À APPELER LA POLICE ET IMAGINE AUSSITÔT LES CONSÉQUENCES : DES MILLIERS DE GANGSTERS VENANT EXERCER UNE REVANCHE AUSSI BRUTALE QU'ANATOMIQUEMENT PERVERSE, À FAIRE PÂLIR LE PLUS AUDACIEUX DES SPÉCIALISTES DU SASHIMI.

IL PENSE À FAIRE DISPARAÎTRE LE CORPS.

EN LE DÉBITANT.

IL JETTE UN REGARD PEU CONVAINCU À LA TAILLE DU CONGÉLATEUR.

IL IMAGINE PIRE ENCORE : QUE LA POLICE DÉCOUVRE LE POT AUX ROSES.
POLICE
POLICE
LE PROCÈS, LES MÉDIAS, L'INCARCÉRATION, LA NOURRITURE EN PRISON...
... ET ENSUITE, LE MILLIER DE GANGSTERS REVANCHARDS.

QUI POURRAIT L'AIDER ? SON FRÈRE EST SANS DOUTE BIEN TROP SENSIBLE.
MABEL ? ELLE SAURAIT ÉQUARRIR UN CERF, MAIS SAURAIT-ELLE DÉMEMBRER UN CADAVRE ?
LE CROQUE-MORT AU BOUT DE LA RUE ? CERTAINEMENT PAS, IL EST DU GENRE À APPELER LA POLICE SI TULIP A LE MALHEUR DE SE GARER AU MAUVAIS ENDROIT.
KARL ? IL A UN CASIER JUDICIAIRE, A FAIT DE LA PRISON. MAIS S'IL A ÉTÉ INCARCÉRÉ, C'EST QU'IL NE DEVAIT PAS ÊTRE TRÈS DOUÉ POUR ÉCHAPPER À LA POLICE.

ROWAN EST DIGNE DE CONFIANCE, AU MOINS.
SORTIE DE SECOURS
SORTIE DE SECOURS

EH ! RÉVEILLE-TOI !
OH, C'EST TOI.
IL FAUT QUE TU M'AIDES...
... AT-TENDS, C'EST POUR QUOI, LE FUSIL ?

J'AI CRU QUE T'ÉTAIS UN JOURNALISTE.
QUOI ?
ILS TRAÎNAIENT DANS LE COIN, L'AUTRE JOUR, À RACONTER QU'ILS BOSSAIENT POUR "GOURMAND POINT COM".
MENSONGE, BIEN SÛR. PAS NET DU TOUT, ÇA.
NON, GOURMAND EXISTE VRAIMENT, ILS FONT UN ARTICLE SUR... ÉCOUTE, ON N'A PAS LE TEMPS.
DIS DONC, T'AS PAS TIRÉ SUR UN JOURNALISTE ?!

NON, ILS SE SONT ENFUIS TROP VITE.
BON, PASSONS. J'AI UN TRUC VRAIMENT...
T'ÉTAIS OÙ, CES DERNIERS TEMPS ?
LA VIE LONDO-NIENNE EST SI PRENANTE QUE T'EN OUBLIES TON FRÈRE ?
DÉSOLÉ, J'AI JUSTE...
T'AS PLUS LE TEMPS D'APPRÉCIER LES PRODUITS ?
DÉSOLÉ...
ET DE VENIR VOIR D'OÙ ILS VIENNENT ?
BON, TAIS-TOI !
ÉCOUTE, UN MEC EST MORT DANS LE RESTAURANT ET JE L'AI PEUT-ÊTRE TUÉ ET J'AI BESOIN DE TON AIDE.

OUI, IL A L'AIR BIEN MORT.
QU'EST-CE QUI S'EST PASSÉ ?
JE NE SAIS MÊME PAS. C'EST UN MAFIEUX QUI FAIT DANS L'EXTORSION. IL Y A PROBABLEMENT UNE CENTAINE DE GANGSTERS À MES TROUSSES, MAINTENANT... IL EST VENU ME MENACER POUR ME RACKETTER.
BRRR.

IL S'EST EFFONDRÉ DANS L'ESCALIER DU GRENIER.
GENRE SON CŒUR A LÂCHÉ ?
OUAIS. J'AI PANIQUÉ.
MAINTENANT QUE J'EN PARLE, J'AURAIS PEUT-ÊTRE DÛ JUSTE... APPELER UNE AMBULANCE.
BON, BEN IL EST LÀ, MAIN-TENANT.
BOUGE PAS.

ASSEZ PROFOND, TU PEN-SES ?
SI TU Y METTAIS UN PEU PLUS DE NERF, ÇA SERAIT PLUS PROFOND.

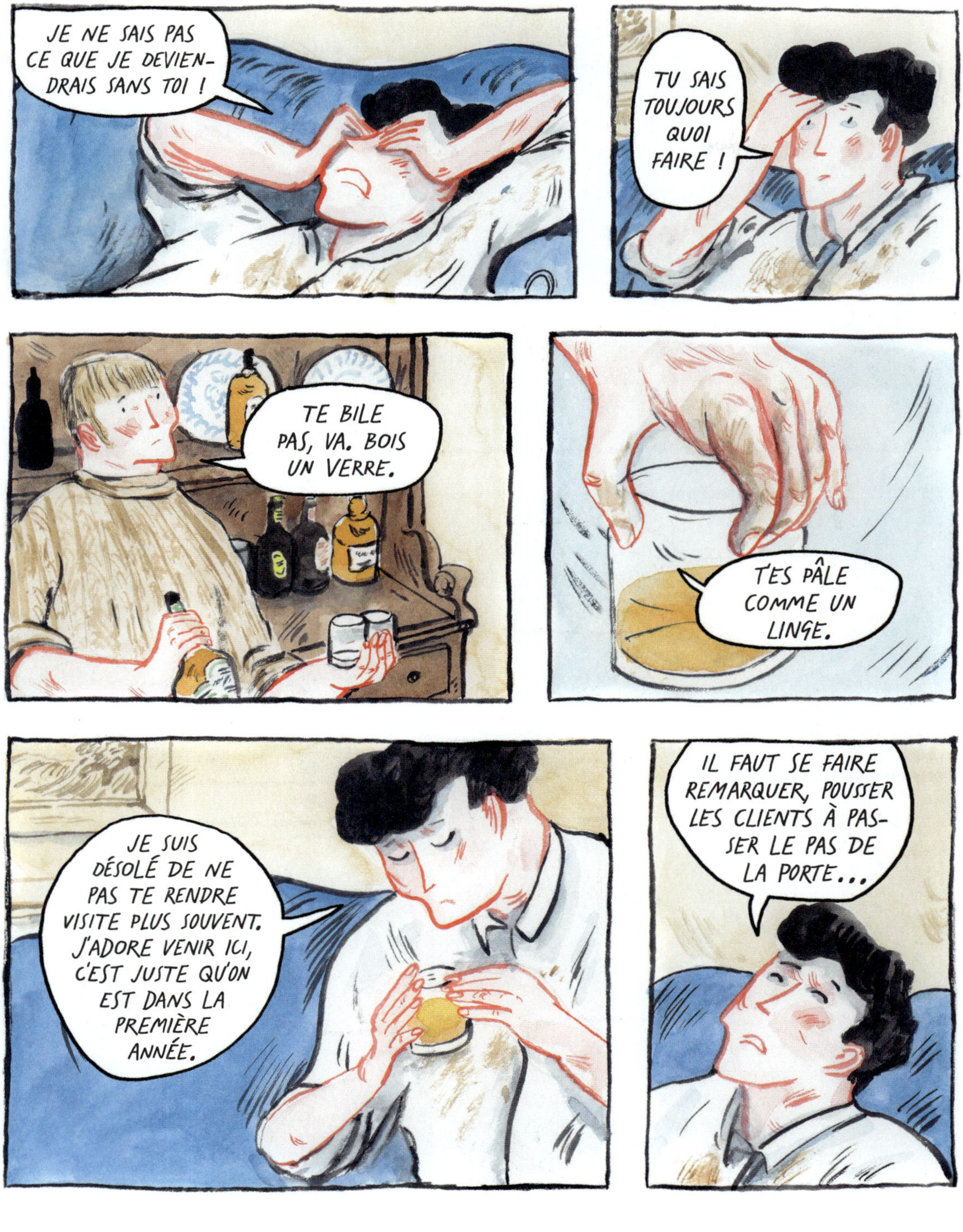
JE NE SAIS PAS CE QUE JE DEVIENDRAIS SANS TOI !
TU SAIS TOUJOURS QUOI FAIRE !
TE BILE PAS, VA. BOIS UN VERRE.
T'ES PÂLE COMME UN LINGE.
JE SUIS DÉSOLÉ DE NE PAS TE RENDRE VISITE PLUS SOUVENT. J'ADORE VENIR ICI, C'EST JUSTE QU'ON EST DANS LA PREMIÈRE ANNÉE.
IL FAUT SE FAIRE REMARQUER, POUSSER LES CLIENTS À PASSER LE PAS DE LA PORTE...

PAS GRAVE. JE SUIS HEUREUX, ICI, JE VEUX JUSTE QUE TU RÉUSSISSES. DÉSOLÉ D'ÊTRE RONCHON.
JE SUIS ENCORE PLUS DÉSOLÉ. JE VIENDRAI PLUS SOUVENT, C'EST PROMIS.
ÇA FAIT PLAISIR DE TE VOIR, MÊME DANS CE CONTEXTE !
QUE DIRAIT MAMAN ?
OH, UN TRUC DU GENRE : "LES MORTS NE DISPARAISSENT JAMAIS VRAIMENT, LEUR ESPRIT PERDURE AU-DELÀ DES LIMITES DE NOTRE PERCEPTION".
TU VEUX DIRE QUE SON FANTÔME POURRAIT REVENIR EXTORQUER LE RESTAURANT ?

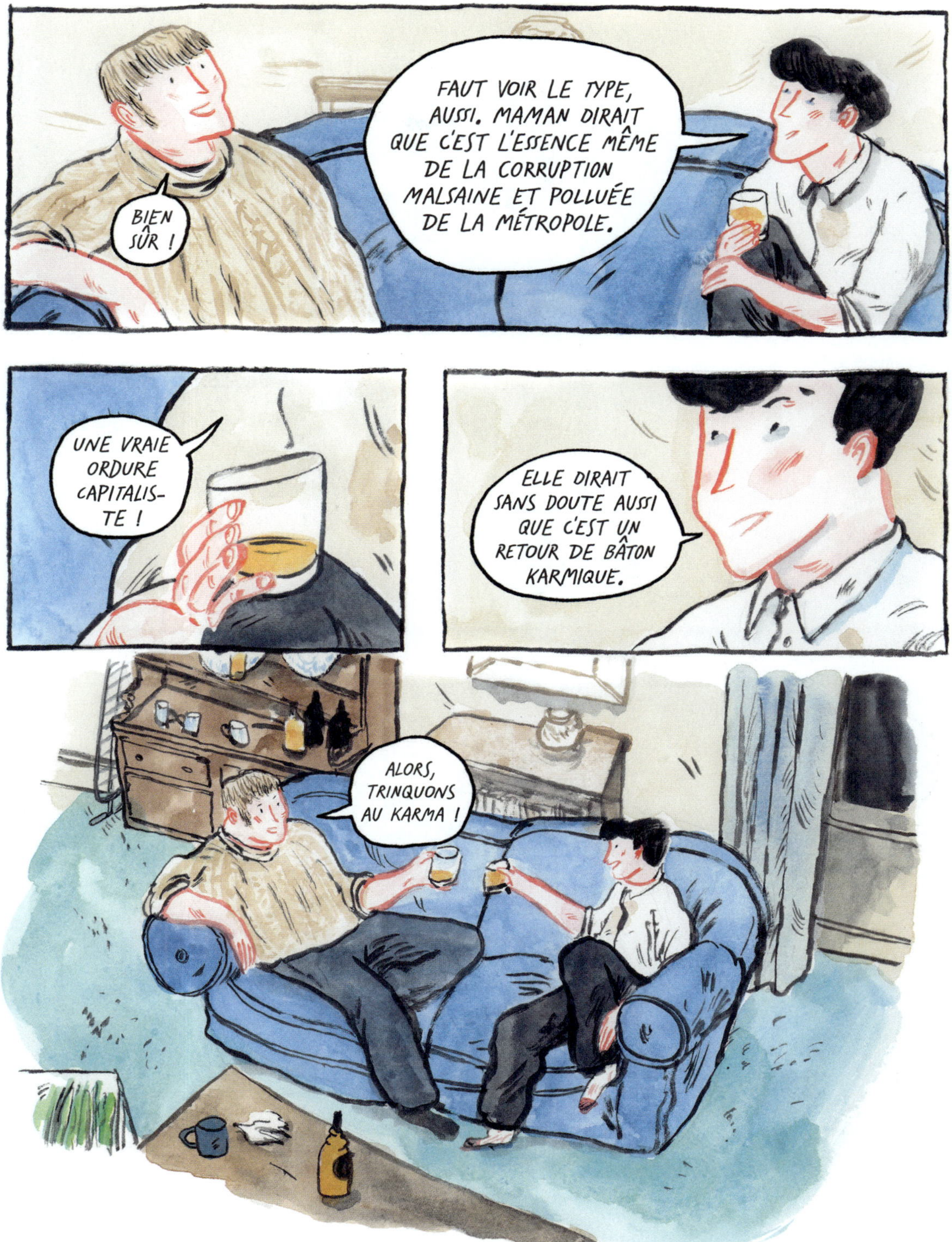
FAUT VOIR LE TYPE, AUSSI. MAMAN DIRAIT QUE C'EST L'ESSENCE MÊME DE LA CORRUPTION MALSAINE ET POLLUÉE DE LA MÉTROPOLE.
BIEN SÛR !
UNE VRAIE ORDURE CAPITALIS-TE !
ELLE DIRAIT SANS DOUTE AUSSI QUE C'EST UN RETOUR DE BÂTON KARMIQUE.
ALORS, TRINQUONS AU KARMA !

TULIP RETOURNE À LONDRES EN FAISANT COMME SI DE RIEN N'ÉTAIT.

DÉJÀ FAIT, CHEF !
ON SONNE À LA PORTE.
TULIPS
TULIP EST TÉTANISÉ PAR LA PEUR.
DANNY ? TU POURRAIS VENIR UNE SECONDE ?
P-P-POURQUOI ?
LIVRAISON DE POISSON.

TULIP S'ÉLOIGNE AVEC UNE NONCHALANCE FORCÉE PUIS MANQUE DE SURSAUTER EN ENTENDANT UN POING TAMBOURINER SUR LA PORTE DE SERVICE.

BORDEL, RATS, TU ÉTAIS CENSÉ LE FAIRE IL Y A DEUX HEURES ! LE CAMION POUBELLES EST DÉJÀ PASSÉ. C'EST TROP TARD, MAINTENANT.
PAS D'MA FAUTE.
SI, C'EST TA FAUTE. FICHE LE CAMP.
RENDS-MOI TON TABLIER.
DANNY VIENT VRAIMENT DE VIRER RATS ?
OUAIP.
BON DÉBARRAS.

LE SERVICE DU MIDI COMMENCE DANS LA PARANOÏA. TULIP SCRUTE LES CLIENTS AVEC ANGOISSE.

IL S'ATTEND À VOIR DÉBARQUER LA POLICE OU LA MAFIA À TOUT MOMENT.

MAIS LA PEUR ET LA CULPABILITÉ SE RETROUVENT NOYÉES PAR LES IMPÉRATIFS DU COUP DE FEU.

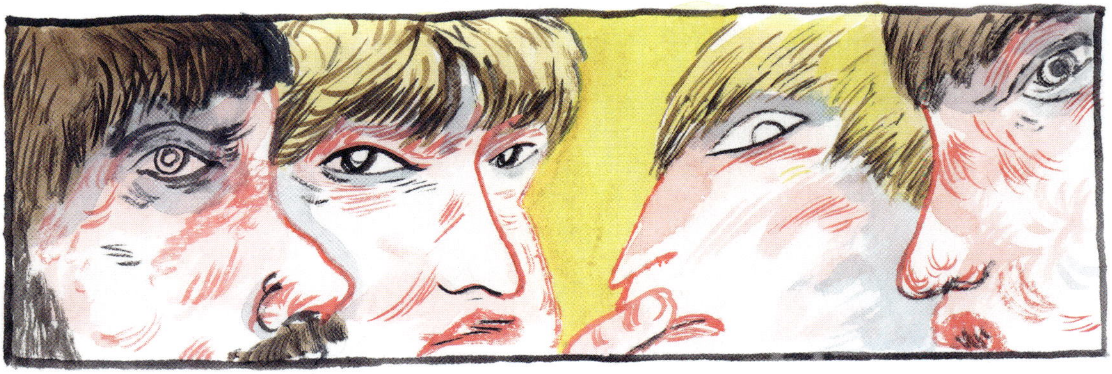

ENCORE SIX LONGES DE PORC. ON EST COMMENT NIVEAU CHAMPIGNONS, CHEF ?
ON DOIT EN RECE-VOIR DEMAIN. POUR LE MOMENT... ON LES TRANCHE ENCORE PLUS FIN ?
TANT QU'ILS EN ONT LE MÊME NOMBRE PAR ASSIETTE, ON EST TRANQUILLES.
TU CROIS QU'ON PEUT CONTINUER LONGTEMPS À LEUR FAIRE PAYER AUSSI CHER ?
FRANCHEMENT, JE CROIS QUE LES GENS EN RAFFOLENT PARCE QUE TU LEUR FAIS PAYER AUTANT.

"MABEL A RAISON", SE DIT TULIP EN S'EFFONDRANT TOUT HABILLÉ SUR SON LIT.

EN DÉPIT DE SON INQUIÉTUDE POUR L'APPROVISIONNEMENT EN CHAMPIGNONS, IL S'ENRICHIT DE SEMAINE EN SEMAINE.

IL CHASSE SES ANGOISSES ET SA CULPABILITÉ EN FLAMBANT SON ARGENT, BIEN DÉTERMINÉ À SE FAIRE UNE PLACE DANS LE CERCLE SOCIAL DES CHEFS LES PLUS EN VUE DU MOMENT.

TOURNÉES DE COCKTAILS, COSTUMES HORS DE PRIX, GADGETS BLING-BLING...

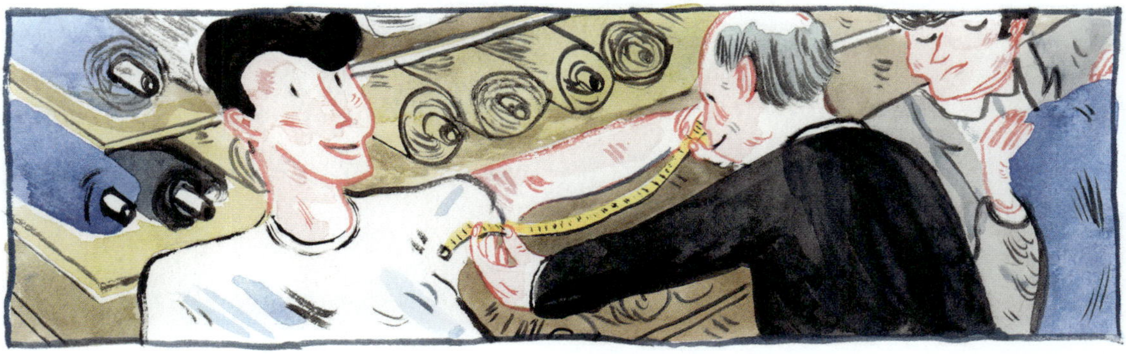

... UNE TÉLÉ GÉANTE, LUI QUI N'A JAMAIS LE TEMPS DE LA REGARDER...

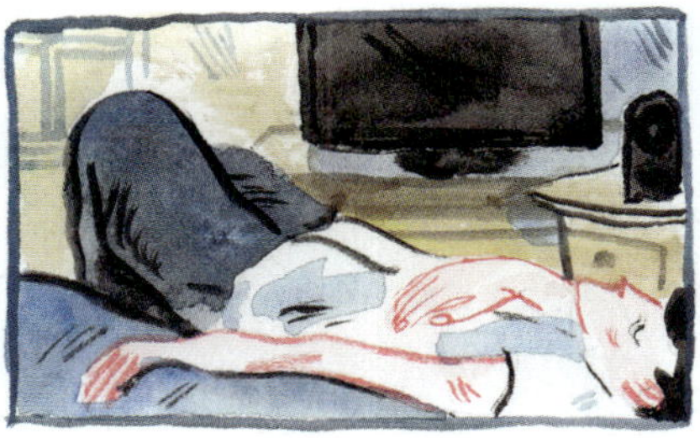

LORS DE SES RARES VISITES À ROWAN, IL EST ÉPUISÉ, MAIS AU MOINS – PENSE-T-IL – IL A L'AIR D'UN AUTHENTIQUE RESTAURATEUR LONDONIEN.

LA RICHESSE APPELLE LA RICHESSE ET, À MESURE QUE LE PRINTEMPS SE CHANGE EN ÉTÉ, LE QUARTIER DE TULIP GAGNE EN STANDING.
LAFAYETTE ARTESANAL KEBAB EXPERIENCE
KAVA
TULIP'S
LIP'S

ROOMING BOUTIQUE
CHIEN
ANDALOU
BESPOKE UMBRELLA EMPORIUM
COFFEE
Hot Hound
KEBAB KING
CAM
ALBUM OUT NOW

TULIP DÉLAISSE PEU À PEU SA CUISINE POUR SE CONCENTRER SUR LA PLANIFICATION, L'ÉQUILIBRE DES COMPTES ET DE NOUVELLES IDÉES POUR INTÉGRER L'ÉLITE GASTRONOMIQUE.

IL PROMEUT MABEL AU RANG DE CHEF DE CUISINE, RÔLE QU'ELLE ENDOSSE AVEC JOIE EN FORMANT LES NOUVEAUX CUISINIERS ET EN TERRORISANT SERVEURS ET COMMIS.

TULIP EMBAUCHE ÉGALEMENT UN MAÎTRE D'HÔTEL, POSTE QUI FAISAIT ALORS CRUELLEMENT DÉFAUT, DU NOM DE MARCEL. L'INDIVIDU EST PARFAIT, SON C.V. LONG COMME LE BRAS, SA MORGUE HORS CATÉGORIE. QUANT À SON ACCENT FRANÇAIS MANIÉRÉ, IL RAPPELLE LES GRANDES HEURES DE LA HAUTE CUISINE.

TOC TOC
SALUT, DANNY !
COMMENT ÇA VA, CHEF ?
PAS TROP MAL, MUSTAFA. BEAUCOUP DE BOULOT.
REGARDE-TOI UN PEU !
ÇA FAIT UN MOMENT QUE TU N'ES PAS VENU MANGER DE KEBAB. TU TE SOUVIENS QUAND TU TE PLAIGNAIS DE NE PAS AVOIR DE CLIENTS ?

JE DEVAIS ÊTRE PÉNIBLE...
PAS DU TOUT, MON POTE. ON TRAVERSE TOUS DES GALÈRES.
C'EST POUR ÇA QU'IL FAUT SE SERRER LES COUDES, ENTRE CHEFS.
OUI, ENFIN, ON N'EST PAS...
POUR TOUT TE DIRE, JE SUIS DANS LA MERDE. NOTRE PROPRIO VEUT NOUS EXPULSER POUR VENDRE L'IMMEUBLE À UN PROMOTEUR IMMOBILIER.
IL FAUT QU'ON MONTE UN DOSSIER DE PRÊT.
POUR RACHETER LE LOCAL AU PROPRIO. ET J'AI BESOIN D'UN GARANT...

OU ALORS, TU POURRAIS AU MOINS ÉCRIRE AU SERVICE D'URBANISME ?
EN TANT QU'ENTREPRENEUR LOCAL QUI A RÉUSSI.
POUR VOIR S'ILS PEUVENT ATTENDRE ENCORE UN PEU ?
ÉCOUTE, MUSTAFA, JE SAIS PAS TROP.
JE SAIS QUE T'ES TRÈS PRIS... MAIS SI J'ÉCRIS LA LETTRE ET QUE TU LA SIGNES JUSTE ?
ÇA FAIT SEIZE ANS QU'ON EST ICI, MEC !
JE NE VOIS PAS POURQUOI...
APRÈS TOUT, C'EST PEUT-ÊTRE LE MOMENT DE CHANGER, NON ?

VENDREDI SOIR, LE RESTAURANT EST COMPLET. L'ACTIVITÉ, FRÉNÉTIQUE. TULIP S'ESCRIME EN CUISINE TANDIS QUE MARCEL EST PARTOUT À LA FOIS EN SALLE...

... ET REMARQUE LE PREMIER L'ÉNORME LIMOUSINE EN TRAIN DE MANOEUVRER DANS LA RUE ÉTROITE.

NAVRÉ, MESSIEURS-DAMES, IL N'Y A TOUJOURS AUCUNE PLACE !
JE SUIS LE GARDE DU CORPS DE CAMILA DE LA REINA. UNE TABLE DE LIBRE, UN SEUL COUVERT ?
ABSOLUMENT, MONSIEUR. C'EST UN HONNEUR.

JE VAIS FAIRE PRÉPARER NOTRE CARRÉ VIP PROFITEZ-EN POUR...
... EUH... GARER VOTRE AUTO.
VOUS DEUX !
RÉSERVÉ
VITE, DÉBARRASSEZ-MOI CETTE TABLE. UN SEUL COUVERT.
MADAME, MES EXCUSES LES PLUS SINCÈRES, NOUS AVONS UN IMPRÉVU, HÉLAS. NOUS NE POURRONS PAS VOUS RECEVOIR, MALHEUREUSEMENT, JE DOIS ANNULER VOTRE RÉSERVATION. OUI, BONNE SOIRÉE !

QU'EST-CE QUE TU FABRIQUES ?
EH ! C'EST UNE TABLE POUR SIX, ÇA ! ET ON EST VENDREDI SOIR !
T'ES CINGLÉ, OU QUOI ?!
SUIVEZ-MOI, MESDEMOISELLES, JE VOUS PRIE.

BIEN, PRENEZ ÇA ET PLACEZ-LE AUTOUR DE LA "TABLE VIP". ALLEZ, VITE !

1930
ETOILE

ICE

ET VOILÀ !
ET MAINTENANT, SI LA CUISINE VEUT BIEN PRÉPARER QUELQUE CHOSE DE SPÉCIAL...

QUELQUE CHOSE DE SPÉCIAL ? JE VAIS LE TUER !

1990
ETOILE
毒药

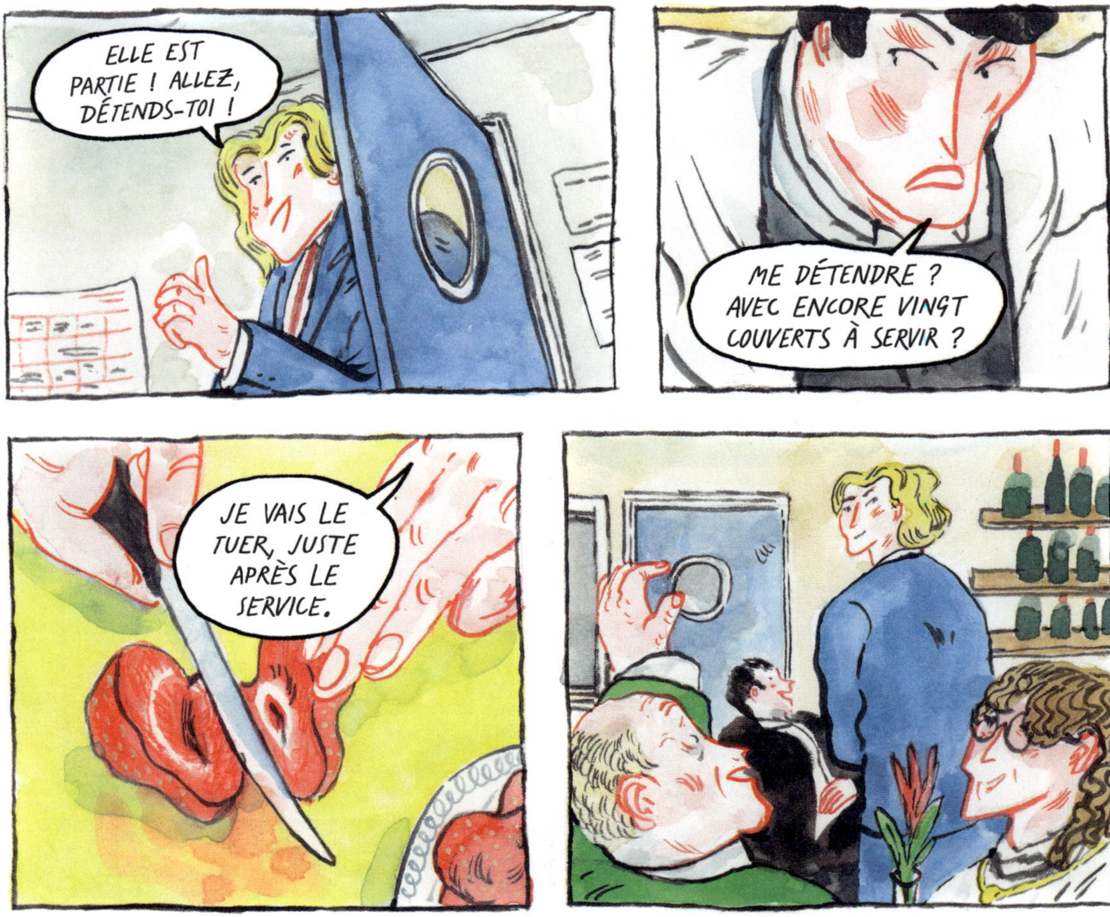

MAIS TANDIS QUE LES CONVIVES S'EN VONT, LE TÉLÉPHONE SE MET À SONNER.
ENCORE ET ENCORE.

POUR SIX ? OUI, BIEN SÛR.
DRIIIING
POUR CINQ, À 9 HEURES ?
OH, POUR NEUF À 5 HEURES.
MONSIEUR, J'AI BIEN PEUR QUE CE SOIT IMPOSSIBLE AVANT 21H30.
DRIIIING
NON, NI LE VENDREDI NI LE SAMEDI... NI LES JEUDIS... NI AVANT SEPTEMBRE.
JE PENSE QU'ON PEUT LAISSER LE TÉLÉPHONE DÉCROCHÉ UN MOMENT...

VIENS VOIR UN PEU, MEC.
PHOTO
CAMILADELAOFFICIAL
LIKED BY 1,814,792
#AMAZINGMEAL #TULIPS #TULIPSRESTAURANT #LONDON #UNDISCOVEREDGEM #BLESSED #LIVINGMYBESTLIFE #FOODIE #OPENONEINLAPLEASE
TU VOIS ? 1814792 LIKES POUR UNE PHOTO DE TON PLAT.
BON DIEU, TOUS CES GENS VONT VOULOIR MANGER ICI ?

TULIP PREND CONSCIENCE QUE MARCEL POURRAIT ÊTRE SON GUIDE DANS LE MONDE CONFIDENTIEL DE LA HAUTE GASTRONOMIE.

OUI, J'IMAGINE QU'ON POURRAIT UN PEU SOIGNER LA DÉCO.

VOILÀ. LE RESTAURANT EST DÉJÀ PARFAIT, C'EST DU DRESSAGE ADDITIONNEL.

MARCEL OBTIENT UN BUDGET ET ÉCUME LA VILLE À LA RECHERCHE DES MEILLEURES BOUTEILLES POUR LA CAVE ET DES PLUS BEAUX TABLEAUX POUR LES MURS. IL A LE SOUCI DU DÉTAIL.
La Cave à Vin
BUXTON
BUXTON

QUE CE SOIT POUR GOÛTER UN BOURGOGNE PARFAIT, POUR ADMIRER UNE ŒUVRE ABSTRAITE ET DÉLICATE...

... OU POUR IMITER MÉTICULEUSEMENT LA SIGNATURE D'UN FOURNISSEUR SUR UN FAUX REÇU, AFIN DE DÉTOURNER UN PEU D'ARGENT POUR LUI.

TULIP'S

TULIP'S

BON, JE N'AI PAS EU TROP DE SUCCÈS AVEC LES AUBERGINES, ALORS J'AI DÉCIDÉ DE NE PAS EN REPLANTER.
EST-CE QUE ÇA IRA ?
HEIN ?

POUR LES AUBERGINES.
OH, OUI, OUI.
TU SAIS, POUR LES CHAMPIGNONS, AU LIEU DES CONSER-VES...
RAAH, ÇA SUFFIT ! TU NE VIENS JAMAIS, ET QUAND T'ES LÀ, T'EN AS QUE POUR LES CHAMPIGNONS !
JE BOSSE COMME UN CHIEN POUR FAIRE POUSSER TOUT ÇA.
TU NE ME DEMANDES JAMAIS COMMENT JE VAIS, NI MES AMIS, NI MAMAN, NI...

DÉSOLÉ ! MAIS J'AI TELLEMENT PEUR D'ÊTRE À COURT...
LA SEMAINE DERNIÈRE, ON A ESSAYÉ UN PLAT SANS CHAMPIGNON, IL A ÉTÉ RENVOYÉ EN CUISINE.
RAAH !
ENFIN BREF, COMMENT VA NOTRE CHÈRE MÈRE ?
OH, TRÈS BIEN.
ELLE NOUS A ENVOYÉ DES ATTRAPE-RÊVES. TU EN VEUX UN ?
AVEC PLAISIR. ET TES COPAINS DU VILLAGE ?
C'EST LE CALME PLAT EN CE MOMENT.

GÉNIAL.
ET MAINTENANT, SI ÇA NE TE DÉRANGE PAS : EST-CE QU'ON AURA DES CHAMPIS CETTE SAISON ?
OU BIEN EST-CE QUE JE DOIS FERMER LE RESTO ET FUIR AU PANAMA ?
OH, PARDON, ÇA VA !
MAIS OUI, Y A DES CHAMPIS. SUIS-MOI.

WAOUH, MAIS C'EST INCROYABLE !
ON EST LAAAARGES ! IL Y EN A PLUS QU'ASSEZ.

MAIS LE TRUC, C'EST QUE... C'EST PEUT-ÊTRE LÀ OÙ ON A ENTERRÉ LE CADAVRE.
OH.
"PEUT-ÊTRE" PEUT-ÊTRE OU "PEUT-ÊTRE" SÛR ?
JE NE SAIS PLUS. ON A FAIT ÇA EN PLEINE NUIT, FAUT DIRE.
J'AI TOUT ESSAYÉ POUR EN FAIRE POUSSER D'AUTRES. TOUS LES ENGRAIS IMAGINABLES, LE COMPOST, DES CAISSES SPÉCIALES, SOUS LES SERRES, DANS LA MAISON... JE LES AI TRAITÉS COMME DES ORCHIDÉES ! JE NE SAIS PAS POURQUOI ILS SONT APPARUS SOUDAINEMENT ICI.

ON PEUT CUEILLIR UNE PREMIÈRE FOURNÉE ?
VAUT MIEUX PAS, NON...
LES CHAMPIGNONS, C'EST LA POINTE DE L'ICEBERG. C'EST LE MYCÉLIUM ENFOUI QUI LES FAIT POUSSER.
JE N'AI PAS ENVIE DE L'ABÎMER, IL POURRAIT BIEN DORMIR CETTE ANNÉE ET REPOUSSER L'ANNÉE SUIVANTE.

ET DE TOUTE FAÇON, IL NE FAUT PAS LES MANGER S'ILS POUSSENT SUR LE CORPS D'UN TYPE.

OUI, ENFIN, N'ALLONS PAS NON PLUS...
C'EST IMMORAL ! C'EST ATROCE !
OUI, MAIS SI PERSONNE N'EN SAIT RIEN... ENFIN, OUI, D'ACCORD, TU AS RAISON.
ESSAIE DE TROUVER CE QUI LES FAIT POUSSER.
ET PENDANT CE TEMPS, JE NE BOUGE PAS.

TULIP A MENTI. SITÔT RENTRÉ À LONDRES, IL LANCE UN PLAN D'ENVERGURE.

IL APPELLE DES DIZAINES D'AGENTS IMMOBILIERS ET ENCHAÎNE LES VISITES.
C'EST UN CONCEPT DE FOOD SERVICE...
À LOUER
À VENDRE
À VENDRE
À LOUER OU À VENDRE

IL ENQUILLE LES TABLEURS ET LES PROJECTIONS, SOLLICITE TOUTES SORTES D'INVESTISSEURS.

DEPUIS L'OUVERTURE DU RESTAURANT, TULIP N'A EU DE CESSE D'AUGMENTER LES PRIX EN RÉDUISANT LES PORTIONS DE CHAMPIGNON. LA NOUVELLE RÉCOLTE PROMET D'ÊTRE ENCORE PLUS IMPORTANTE QUE LA PREMIÈRE, ET UN RAPIDE CALCUL DE SA VALEUR SUFFIT À FAIRE BAVER TULIP.

JE DOIS AVOUER QUE TU M'IMPRESSIONNES.
ÇA CHANGE DE VOIR UN PATRON SORTIR DE SA ZONE DE CONFORT ET BÂTIR UN VRAI EMPIRE.
MOUI... JE TE TROUVE UN PEU TROP GOURMAND.
COMMENT TON FRÈRE VA S'EN SORTIR POUR NOUS APPROVISIONNER ?
BAH, IL SE DÉBROUILLERA.
MAIS IL FAUT QU'ON LAISSE TES TALENTS S'EXPRIMER. QUE DIRAIS-TU DE DEVENIR CHEF EXÉCUTIF ?

EN PEU DE TEMPS, TULIP OUVRE DEUX NOUVEAUX ÉTABLISSEMENTS : UN LUXUEUX AUTEL À LA GASTRONOMIE À SOUTH KENSINGTON, OÙ MABEL PEUT REPOUSSER LES LIMITES DE LA HAUTE CUISINE...

... ET UN IMMENSE PARTHÉNON DE RESTAURATION CHIC À SOHO, CONFIÉE À LA VIGILANCE EXPERTE DE MARCEL.

IL PARADE DANS SES TEMPLES ENTOURÉ D'UN ARÉOPAGE D'ARTISANS ET D'EMPLOYÉS, PARMI LESQUELS SA NOUVELLE ASSISTANTE PERSONNELLE À LA POINTE DE LA MODE, CHERISH.
JE NE SAIS PAS... JE TROUVE CES APPLIQUES UN PEU VULGOS.
NOTÉ, CHÉRI.

JE ME DISAIS LA MÊME CHOSE, CHEF.
MAIS LE MARBRE, JE NE SUIS PAS FAN.
J'AIME BIEN LES VITRAUX, CECI DIT.
ET IL FAUT QUAND MÊME QU'ON SE DEMANDE SI CE BAR À COCKTAILS ENVOIE LE BON MESSAGE...

POUR SOHO, ON A LE BŒUF IRLANDAIS. MOINS CHER.
MAIS POUR KENSINGTON, ON POURRAIT IMPORTER DE LA VIANDE JAPONAISE ?
ELLE EST BELLE.
MAIS EST-CE QUE ÇA FAIT ENCORE CUISINE LOCALE ?
C'EST LOCAL PUISQUE ÇA VIENT DE QUELQUE PART !

APPAREMMENT, LE BOEUF VIENT D'UNE PETITE FERME FAMILIALE, AVEC SES PETITES ÉTABLES TRADITIONNELLES, NON LOIN DE HIMEJI.
LES INVESTISSEURS TROUVERONT ÇA PARFAITEMENT RACCORD AVEC NOTRE IMAGE D'AUTHENTICITÉ.
"HIMEJI NO UMAI ZO BIFU"... ÇA SONNE ENCORE PLUS EXOTIQUE AVEC LE "FRENCH ACCENT", N'EST-CE PAS ?
C'EST VRAI ! ET SI ON LES SERVAIT EN FINES LAMELLES, AVEC DES CHAMPIS PARDESSUS ?
ET POUR SOHO, DES BURGERS, DES PLANCHES ET DES ASSIETTES À PARTAGER. FACILES À SERVIR ET MARGES EXCELLENTES.

LE RESTAURANT DE KENSINGTON EST ACCUEILLI PAR DES CRITIQUES DITHYRAMBIQUES.

LA CLIENTÈLE ÉDUQUÉE EST ÉBAHIE PAR LA CUISINE "HIGH CONCEPT", LES PIÈCES DE BOEUF EXOTIQUES ET LES PRODUITS "LOCAUX ET AUTHENTIQUES" DE ROWAN.

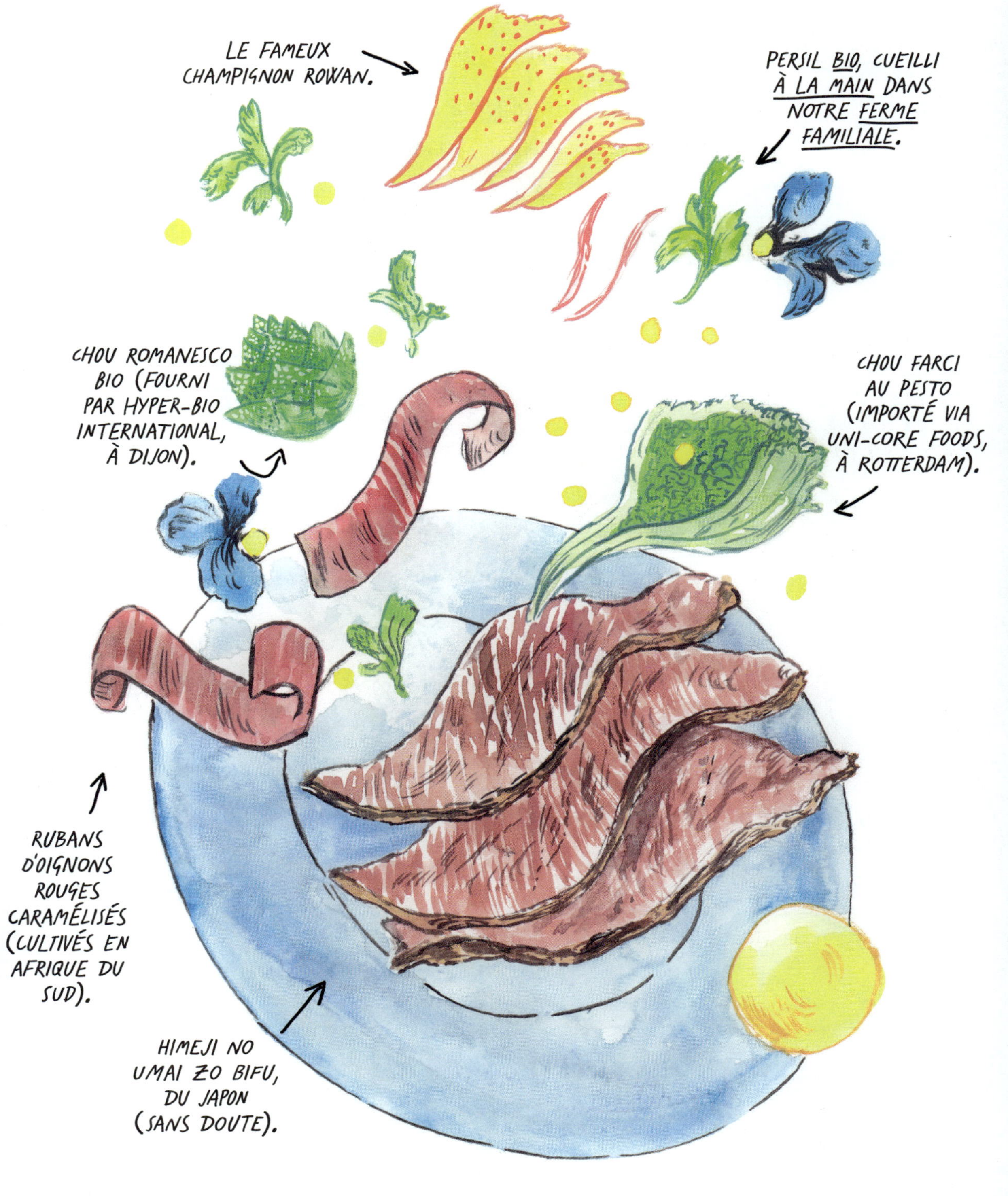
LE FAMEUX CHAMPIGNON ROWAN.
PERSIL BIO, CUEILLI À LA MAIN DANS NOTRE FERME FAMILIALE.
CHOU ROMANESCO BIO (FOURNI PAR HYPER-BIO INTERNATIONAL, À DIJON).
CHOU FARCI AU PESTO (IMPORTÉ VIA UNI-CORE FOODS, À ROTTERDAM).
RUBANS D'OIGNONS ROUGES CARAMÉLISÉS (CULTIVÉS EN AFRIQUE DU SUD).
HIMEJI NO UMAI ZO BIFU, DU JAPON (SANS DOUTE).

TULIP DEVRAIT EN PROFITER POUR SOUFFLER UN PEU, SAVOURER SON SUCCÈS ET FÊTER ÇA AVEC SON FRÈRE. IL DEVRAIT ENFIN S'ESTIMER LÉGITIME EN TANT QUE RESTAURATEUR LONDONIEN.
ON EST PRÊTS POUR LE SERVICE ?
EST-CE QU'ON A ASSEZ DE GARNITURES ?
QU'EST-CE QU'ILS FICHENT, LES SERVEURS ?

ILS SONT CONTENTS DES PLATS PRINCIPAUX ?
EST-CE QUE C'EST... BON ?

MAIS ALORS QUE LA GUEULE DE BOIS DE LA SOIRÉE D'OUVERTURE LUI MARTÈLE ENCORE LES TEMPES, SON APPÉTIT DE RÉUSSITE REVIENT LE RONGER.

TANDIS QU'IL S'EXTRAIT PÉNIBLEMENT DE SON LIT SOUS LE SOLEIL DE MIDI, IL REPENSE DÉJÀ AU RESTAURANT DE SOHO.

EH, CHERISH.
JE VIENS D'Y REPENSER : TU AS REGARDÉ LES FACTURES POUR LES VERRES À SOHO ? ILS SERONT LIVRÉS QUAND ?
AH, DÉJÀ ? BON, TRÈS BIEN.
ET TU POURRAIS DEMANDER À OLIVE ET KARL DE VÉRIFIER QUE...
OH, TU L'AS DÉJÀ FAIT ?
BON, SUPER...
NON, JE VAIS QUAND MÊME VENIR.
COCO POWER

TULIP S'EST TAILLÉ UNE PLACE DANS LE MICROCOSME DES GASTRONOMES LONDONIENS. CHAQUE SOIR, ON PEUT LE VOIR FAIRE LE PAON EN COMPAGNIE DE CHEFS, DE CRITIQUES CULINAIRES, DE PERSONNALITÉS ET D'ÉPICURIENS DU MONDE DU CINÉMA OU DE LA MODE.

SA PRÉSENCE EN CUISINE DÉSORMAIS RÉDUITE À DES PASSAGES ÉCLAIRS, IL NE MANQUE POURTANT JAMAIS DE FAIRE LE SPECTACLE POUR PRÉSENTER SES PLATS À SES ACOLYTES.

LES CHAMPIGNONS EXERCENT INVARIABLEMENT LEUR MAGIE ET LES CLIENTS QUITTENT LE RESTAURANT RAVIS ET REVIGORÉS.

LA PRESSE RAFFOLE DE CES HISTOIRES DE SUCCÈS INDIVIDUEL.

MAIS TANDIS QUE LA CARICATURE DE "DANNY GREEN, LE GÉNIE DE LA CUISINE" CARACOLE SUR LA ROUTE DU SUCCÈS, LE TULIP DE CHAIR ET DE SANG EST AU BOUT DE SA VIE.
NOUS PRODUISONS LES CHAMPIGNONS ROWAN DANS NOTRE FERME. NOUS SOMMES RAVIS DE POUVOIR RÉPONDRE À VOS BESOINS, MAIS IL EST PRIMORDIAL POUR NOUS DE MAINTENIR NOTRE EXCLUSIVITÉ.
NOUS AVONS DÉJÀ PENSÉ À DES ADRESSES À MANHATTAN QUI SERAIENT PARFAITES POUR VOUS.
J'AI HÂTE !

QUELQUE PART, SONGE TULIP, CES RICHES INVESTISSEURS NE FONT QUE LE TORTURER, EN RÉALITÉ.

DANS LEURS EFFORTS INCESSANTS DE LUI OFFRIR TOUJOURS PLUS D'ARGENT POUR DES QUANTITÉS DE PLUS EN PLUS RÉDUITES DE CHAMPIGNONS, ILS LE FORCENT À RECONNAÎTRE QUE, MALGRÉ SON RATIONNEMENT TOUJOURS PLUS SÉVÈRE, TULIP N'A AUCUN MOYEN DE SAVOIR SI LES CHAMPIGNONS CONTINUERONT DE POUSSER.

acheter du Lait
DRIING
SALUT.
EH !
TU VAS BIEN ?
OUAIS, PLUS OU MOINS.
JUSTE LA GUEULE DE BOIS...
IL S'EST PASSÉ QUELQUE CHOSE ?
NON, POURQUOI TU DIS ÇA... ?

TU M'AVAIS DIT QUE TU PASSERAIS HIER ET JE NE T'AI PAS VU. JE COMMENÇAIS À M'INQUIÉTER.
AH, OUI, PARDON.
IL Y A CES INVESTISSEURS VENUS DE NEW YORK, ALORS...
ET ON OUVRE À SOHO CE SOIR.
LE CHAOS !
EH BIEN TU AURAIS PU ME PRÉVENIR !
ÉCOUTE, JE SUIS DÉSOLÉ. J'ESSAIE JUSTE DE FAIRE FRUCTIFIER NOTRE BUSINESS.
"FRUCTIFIER !"

QU'EST-CE QUE TU Y CONNAIS, EN FRUCTIFICATION ? TU VEUX JUSTE TE RENDRE CÉLÈBRE EN PROFITANT DU TRAVAIL DES AUTRES !
JE BOSSE ! JE SUIS PATRON ! JE BOSSE EN CE MOMENT MÊME !
C'EST ÇA. SI TU ÉTAIS VENU, TU AURAIS VU QUE LES CHOUX-FLEURS SONT PRÊTS.
TU LES METS AU MENU OU TU VEUX ENCORE ATTENDRE D'AVOIR LES POIREAUX ?
OH, JE SAIS PAS, DEMANDE À MABEL. ET LES CHAMPIGNONS ? TU LES FAIS POUSSER EN CAISSES OU PAS ENCORE ?
ON A VRAIMENT BESOIN--

LES CHAMPIGNONS !
TU N'AS QUE CE MOT À LA BOUCHE !
BEN OUI, EN FAIT.
DES CHOUX-FLEURS ET DES POIREAUX, ILS EN ONT DÉJÀ À NEW YORK.
CES CHAMPIGNONS SONT LE SEUL TRUC QUI NOUS DISTINGUE DES AUTRES.
ON POURRAIT BIEN IMPORTER TOUS NOS PRODUITS D'UNE SERRE AUX PAYS-BAS SI ON LE VOULAIT.

TULIP'S
TULIP'S
ARMS

AU FOND, D'UN POINT DE VUE ÉCONOMIQUE, ÇA N'A PAS TROP DE SENS DE FAIRE CULTIVER D'AUTRES LÉGUMES...
ALLÔ ?

ALORS MÊME QU'IL INAUGURE SON ADRESSE À SOHO, TULIP EST OBNUBILÉ PAR SES PROJETS DE QUATRIÈME RESTAURANT DANS LE QUARTIER DE LA FINANCE, UNE "DÉCLINAISON DE LA MARQUE EN EXPÉRIENCE FAST-FOOD" POUR CONTENTER DAVANTAGE DE CLIENTS AVEC DES INGRÉDIENTS MOINS ONÉREUX ET UNE MARGE ENCORE PLUS SUBSTANTIELLE.

SOUTH BANK ? HORS DE QUES-TION.

PRÈS DE SAINT-PAUL, ÇA SERAIT MIEUX.
ON AURAIT AUSSI LES TOURISTES.
COMBIEN DE MÈTRES CARRÉS ?
DÉSOLÉ, JE DOIS Y ALLER.
BON, ON OUVRE À 19 HEURES.
IL Y AURA DÉJÀ DES AMIS À MOI AU BAR.
OÙ EN SONT LES MARINADES ?

LES GIGOTS D'AGNEAU SONT BIEN PRÉCUITS ?
VOUS LES FINISSEZ À LA COMMANDE, MAIS SI JAMAIS VOUS ÊTES DÉBORDÉS...
... VOUS ENVOYEZ TOUT AU FOUR EN MÊME TEMPS ET VOUS TERMINEZ À LA SALAMANDRE.
ENSUITE, POUR LES PLANCHES, MABEL VA VOUS MONTRER...
QU'EST-CE QU'IL FOUT ICI, LUI ?
QUI ?
RATS, LE COMMIS.
EUH... JE L'AI EMBAUCHÉ EN MÊME TEMPS QUE LES AUTRES, LA SEMAINE DERNIÈRE. IL AVAIT L'AIR CORRECT.

JE L'AI VIRÉ IL Y A UN MOMENT, CE TIRE-AU-FLANC. TU LE GARDES À L'ŒIL, O.K. ?

LA SOIRÉE DÉFILE, TOUT N'EST PLUS QUE FLOU, SUEUR ET VINAIGRE. TULIP S'ÉVERTUE À APPORTER LA TOUCHE FINALE À CHAQUE ASSIETTE SUR LE PASSE-PLAT, FUGACE RAPPEL DE SA PASSION ET DE SON TALENT POUR L'ART CULINAIRE QU'IL NÉGLIGE À PRÉSENT.

VOUS AVEZ BIEN BOSSÉ, LES GARS !
BEAU BOULOT. T'AS FINI, TU PEUX Y ALLER.

BORDEL DE MERDE, RATS ! COMBIEN DE FOIS IL FAUT TE LE DIRE ?!

MAIS PATRON...
EUH... CHEF. L'AUTRE CHEF, IL...
... IL A DIT QUE J'AVAIS FINI.
JE VENAIS DE NETTOYER MA STATION.
JE TE JURE QUE SI TU ME RACONTES ENCORE UN SEUL BOBARD, TU VAS TE RETROUVER À LA PORTE SANS COMPRENDRE CE QUI T'ARRIVE !

MAIS TANDIS QUE TULIP FAIT LA FÊTE À SOHO, SON FRÈRE, LOIN DES FEUX DE LA RAMPE, ERRE DANS LA FORÊT, EN PROIE À LA TOURMENTE.

ROWAN EST SUBMERGÉ PAR UN COCKTAIL D'ANGOISSE PARALYSANTE ET DE PANIQUE AIGUË.

IL FEND LE SOL AVEC SA PELLE EN CREUSANT AU HASARD.

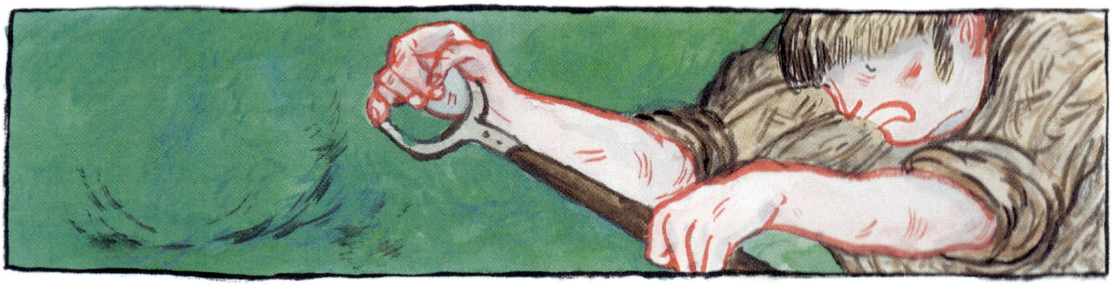

IL RETOURNE CHAQUE CENTIMÈTRE CARRÉ DE TERRE
QUI AVAIT JUSQU'ALORS ÉCHAPPÉ À SA CHARRUE.

IL TRAVAILLE TOUTE LA NUIT DURANT. À L'AUBE, IL N'A RIEN TROUVÉ.

QUOI QU'IL AIT PU ARRIVER À SA TANTE, ELLE N'EST PAS ENTERRÉE ICI.

SALUT, ROWAN ! C'EST TOI QUI LIVRES, AUJOURD'HUI ?
OÙ EST TULIP ?
QUI ?
MON FRÈRE !

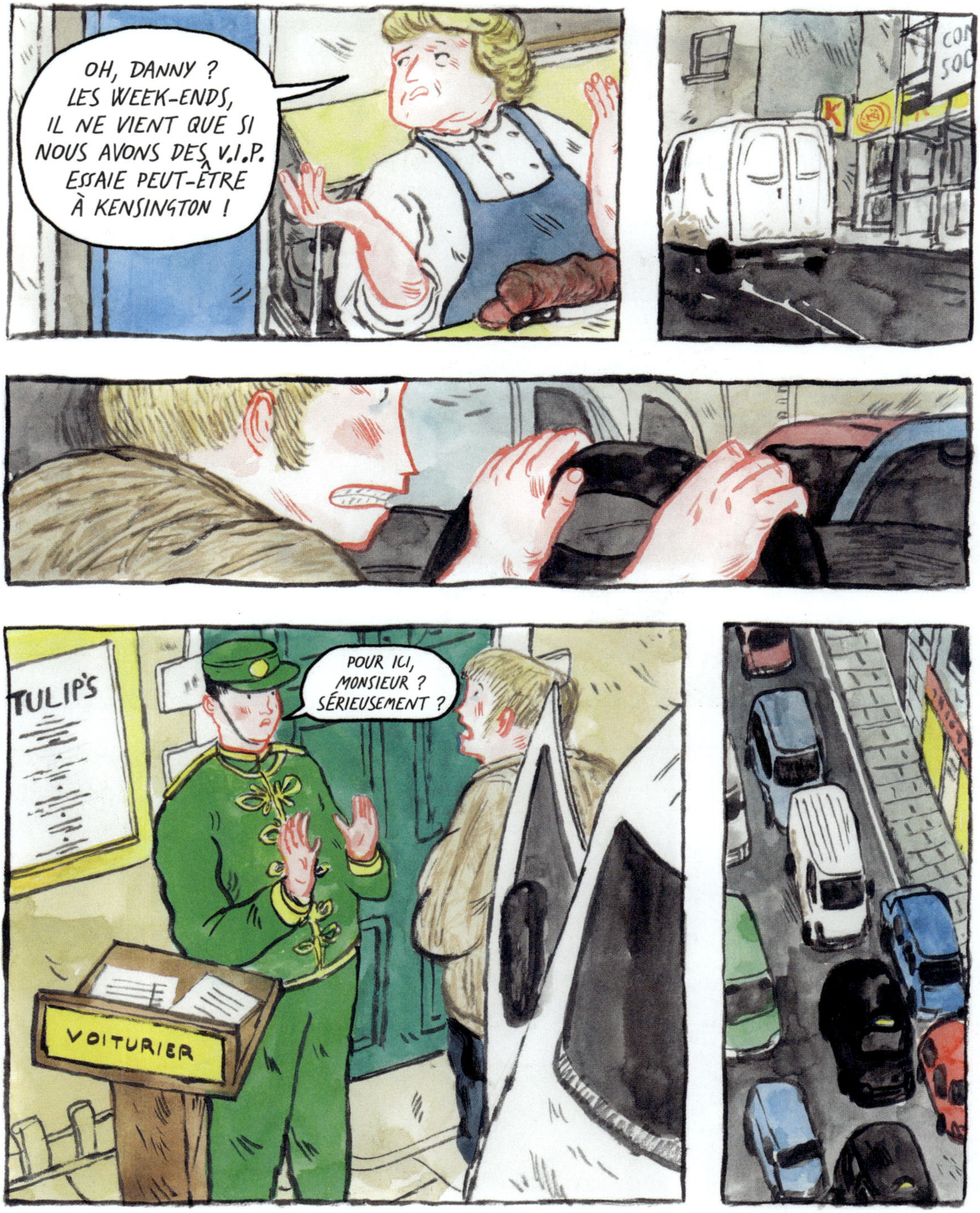
OH, DANNY ? LES WEEK-ENDS, IL NE VIENT QUE SI NOUS AVONS DES V.I.P. ESSAIE PEUT-ÊTRE À KENSINGTON !
TULIP'S
POUR ICI, MONSIEUR ? SÉRIEUSEMENT ?
VOITURIER

DÉSOLÉE, MAIS M. GREEN N'EST PAS DISPONIBLE.
MAIS JE SUIS SON FRÈRE !
AH, VRAIMENT ? DÉSOLÉE ENCORE UNE FOIS, DANNY EST EN RÉUNION. VOUS AURIEZ DÛ PRENDRE RENDEZ-VOUS.

PORTÉ PAR L'AGONIE DE SA NUIT BLANCHE, ROWAN RABAT SON ATTENTION SUR LA MAISON. POUR LA PREMIÈRE FOIS, IL Y VOIT AUTRE CHOSE QU'UNE ENFILADE DE PIÈCES SOMBRES DANS LESQUELLES ENTREPOSER OIGNONS ET CHAMPIGNONS.

À TRAVERS LA POUSSIÈRE, LA VIE DE SES ANCIENS OCCUPANTS SE DESSINE NETTEMENT.

CHAMBRES SÉPARÉES.
SALLES DE BAINS SÉPARÉES.
MÊME LES ESPACES DÉDIÉS AUX LOISIRS – TÉLÉVISIONS, CANAPÉS, BUREAUX – SE TROUVAIENT DÉDOUBLÉS.

DES PORTES QUI NE SE FERMAIENT QUE DE L'INTÉRIEUR
ET D'AUTRES QUI NE SE FERMAIENT QUE DE L'EXTÉRIEUR.

ENFIN, DES PORTES DOTÉES DE VERROUS DES DEUX CÔTÉS, AFIN QUE LEUR OUVERTURE NE PUISSE ÊTRE POSSIBLE QU'AVEC L'ACCORD DES DEUX PARTIES.

SEULS VESTIGES D'ÉCHANGES ENTRE LES DEUX CAMPS : DES MESSAGES PASSIFS-AGRESSIFS DISPERSÉS SUR LES BUREAUX, COLLÉS AUX PLACARDS, FROISSÉS EN BOULE DANS DES CORBEILLES.

DERRIÈRE LES SOURIRES DES PHOTOS DE VACANCES, LES ÉPOUX SE HAÏSSAIENT.

DEUX JOURS PLUS TARD, TULIP REFAIT ENFIN SURFACE.

QUAND MÊME ! OÙ T'ÉTAIS PASSÉ ?!
JE ME TUE À TE LE DIRE : JE SUIS TRÈS PRIS !
ET TOI, TU ÉTAIS OÙ ? POURQUOI IL N'Y A PAS EU DE LIVRAISON, HIER ?
ET POURQUOI C'EST TOUJOURS AUSSI BOUEUX, ICI ?
JE SUIS ALLÉ À LONDRES ET UNE NANA AVEC UNE TÊTE DE BROCOLI M'A DIT QUE JE DEVAIS PRENDRE RENDEZ-VOUS.
QUAND ?

BON DIEU, MAIS QU'EST-CE QUE T'AS FABRIQUÉ ?
SUIS-MOI.
ÉCOUTE, TULIP. C'EST VRAIMENT MOCHE... NOTRE ONCLE...

ALORS... ILS POUSSAIENT GRÂCE À LUI ?
ET L'AUTRE COIN ?
JE N'AI PAS EU LE COURAGE DE DÉTERRER L'AUTRE.
C'EST MAL.

OUF !
QUEL SOULAGEMENT !
OH, PURÉE, J'EN AI FAIT DES CAUCHEMARS, CES DERNIERS MOIS.
ON M'OFFRE DES SOMMES DÉLIRANTES POUR CES CHAMPIGNONS.
ET JE N'ARRÊTE PAS DE MENTIR...
... À DIRE : "BIEN SÛR QUE LES CHAMPIGNONS VONT REPOUSSER" SANS AVOIR LA MOINDRE IDÉE DE CE QUI LES NOURRIT.

NON !
ON EST OBLIGÉS, ROWAN. TU SAIS COMBIEN DE TYPES ONT INVESTI SUR NOUS ?
IL DOIT Y AVOIR UN MOYEN ÉTHIQUE DE TROUVER DU CADAVRE. LES CIMETIÈRES LOCAUX ?
DIS-MOI, À TON AVIS...
... TU CROIS QU'ILS PEUVENT POUSSER SUR UN MACCHABÉE DE LONGUE DATE ?
NON, ON VA SANS DOUTE AVOIR BESOIN DE FRAÎCHEUR.
JE SUIS PRESQUE CERTAIN QUE LES LÉGISTES DOIVENT AVOIR DES CADAVRES NON RÉCLAMÉS...
CE N'EST PAS POSSIBLE.

C'EST TOI QUI ES IMPOSSIBLE ! TU AS PEUR DE TE RETROUSSER LES MANCHES ET DE TE SALIR LES MAINS !
JE CROYAIS QUE TU VOULAIS "CULTIVER LES MEILLEURS PRODUITS" ?!
SI ON A BESOIN DE CADAVRES FRAIS, ON EN TROUVERA. LONDRES REGORGE DE CLODOS ET DE TOCARDS.
ILS NE MANQUERONT À PERSONNE. SANS RIRE, LA MOITIÉ DE MES EMPLOYÉS POURRAIENT...
PENSE UN PEU À TOUT CE BLÉ !
MAIS POURQUOI TU AURAIS BESOIN D'ENCORE PLUS D'ARGENT ?!

FACILE À DIRE POUR TOI. NE FAIS PAS TA TÊTE DE CON.
TA GUEULE !
TOI TA GUEU-LE !

PFFF. COMME TU VOUDRAS.
TULIP REGARDE SON FRÈRE DISPARAÎTRE, INTERLOQUÉ...
... AVANT DE BAISSER DES YEUX RÉSIGNÉS SUR SES CHAUSSURES CROTTÉES.

ROWAN REPREND LA LONGUE ROUTE VERS LE NORD. SA MÈRE AVAIT RAISON AU SUJET DE LA MÉTROPOLE. À PRÉSENT, IL NE DÉSIRE RIEN D'AUTRE QUE RETROUVER SON ÎLE, SON CONFORT ET SA SÉCURITÉ.

LA MAISON N'A PAS CHANGÉ, TOUJOURS AUSSI CHALEUREUSE ET ACCUEILLANTE. PEUT-ÊTRE QUE SA MÈRE AVAIT RAISON LORSQU'ELLE AFFIRMAIT QUE LES ESPRITS VEILLAIENT SUR ELLE.
OH, JE SAVAIS QUE TU FINIRAIS PAR RETROUVER LE CHEMIN !

JE VAIS TE FAIRE DU THÉ.
JE SUIS TELLEMENT HEUREUSE QUE TU SOIS RENTRÉ ! NOUS ALLONS POUVOIR FÊTER LE SOLSTICE ENSEMBLE.
ASSAILLI PAR CE DÉLUGE D'AFFECTION MATERNELLE ET ÉPUISÉ PAR LE LONG VOYAGE, ROWAN N'A PAS LA FORCE DE LUI FAIRE PART DE SA DÉCOUVERTE.

JE SUIS BIEN CONTENTE QUE CETTE FIÈVRE DE LA MÉTROPOLE TE SOIT PASSÉE.
COMME JE LE DISAIS AUX AUTRES SORCIÈRES DE MON CLAN...

ÉTOUFFÉ PAR CETTE CHALEUR SOPORIFIQUE, LE TRAUMATISME EST PEU À PEU DISSIPÉ PAR LE SON DE LA VOIX DE SA MÈRE.
NOUS AVONS FAIT UN DÉLICIEUX FEU DE JOIE AU BORD DE LA PLAGE POUR LA DERNIÈRE LUNE.
PEUT-ÊTRE AVAIT-ELLE RAISON. PEUT-ÊTRE N'Y AVAIT-IL RIEN DE BON POUR LUI EN MÉTROPOLE.

SES MURMURES LE SUBMERGENT. ELLE A RAISON. L'ÉNERGIE EST BEL ET BIEN PRÉSENTE ET LE POUSSE GENTIMENT POUR LE REMETTRE À SA JUSTE PLACE DANS L'ÉQUILIBRE DU COSMOS.
... ET IL Y A EU DU CHANGEMENT ! ILS ONT ENCORE MODIFIÉ LES HORAIRES DU FERRY.
ET IAN ET PRIMOSE SE SONT MARIÉS. OH, ROSEMARY EST DE NOUVEAU ENCEINTE. ET SON ZONA EST REVENU...

... AVEC DISCRÉTION. IL EMPLOIE PLUS D'UNE CENTAINE DE PERSONNES, À PRÉSENT. LEQUEL D'ENTRE EUX SERAIT ASSEZ FIABLE POUR ENTERRER UN CADAVRE SANS ALLER S'EN VANTER ENSUITE AUTOUR D'UN VERRE ? MABEL ? TROP PRISE. CHERISH ? TROP CHICHITEUSE. MARCEL ? TULIP REDOUTE DE LUI CONFIER UN SECRET AUSSI SENSIBLE. IL N'Y A QU'UNE PERSONNE EN QUI IL PEUT AVOIR ABSOLUMENT CONFIANCE.

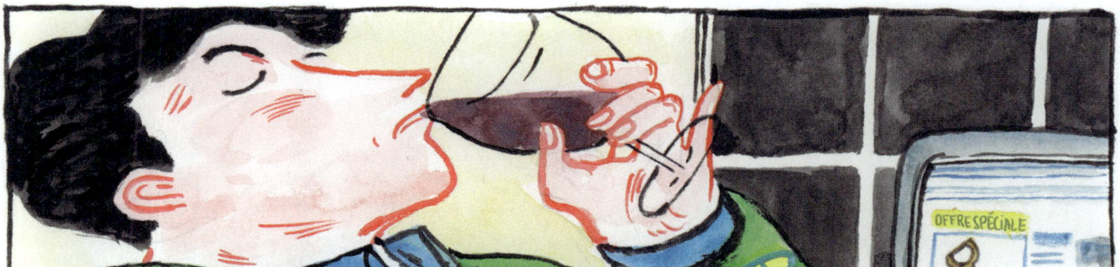

LORSQUE ROWAN REPREND ENFIN CONSCIENCE, LES INCANTATIONS DE SA MÈRE SEMBLENT NE PAS AVOIR CESSÉ.

PAS ÉTONNANT QUE TU SOIS FATIGUÉ ! JE SUIS SÛRE QUE LA MÉTROPOLE T'A DRAINÉ TOUTE TON ÉNERGIE. C'EST UN MIRACLE QUE TU AIES SURVÉCU !
JE SUIS SURPRISE QUE TU N'AIES PAS MAIGRI. TU AS TROUVÉ À TE NOURRIR, LÀ-BAS ?
LES GENS DE LA MÉTROPOLE SONT SI DIFFICILES...

EN FAIT, MAMAN, J'AI CULTIVÉ UN SUPER JARDIN, LÀ-BAS. ET J'AVAIS DES AMIS AU VILLAGE.
ET NOS LÉGUMES ÉTAIENT EXCELLENTS ! TU AURAIS ADORÉ.
C'ÉTAIT BIEN.
OUI, ENFIN, JE SUIS SÛRE QUE PERSONNE N'A SU L'APPRÉCIER, AVEC TOUS LES PRODUITS CHIMIQUES QU'IL Y A DANS LE SOL...
MAMAN, ÇA FAIT COMBIEN DE TEMPS QUE TU N'ES PAS ALLÉE EN MÉTROPOLE ?

JE NE VOIS PAS EN QUOI C'EST IMPORTANT. J'Y AI GRANDI, JE TE RAPPELLE, AVANT DE VOIR LA LUMIÈRE.
JE SAIS COMMENT ÇA SE PASSE, LÀ-BAS.
IL FAUT QUE JE TE DISE QUELQUE CHOSE. EN CREUSANT DANS LE JARDIN... J'AI DÉCOUVERT LE CORPS DE TON BEAU-FRÈRE. TA SŒUR A DISPARU, MAIS PAS DANS UN NAUFRAGE.

TU VOIS ? JE TE L'AVAIS DIT ! C'EST LE KARMA.
ORDURE CAPITALISTE !
DANS UN MONDE JUSTE, LES GENS COMME ELLE DEVRAIENT...
ET TULIP EST DEVENU FOU MAINTENANT QU'IL EST RICHE ET CÉLÈBRE !
IL A CHANGÉ... IL NE CUISINE PLUS...

ROWAN PEINE À TROUVER SES MOTS. COMMENT POURRAIT-IL EXPLIQUER LES CHAMPIGNONS, LA VUE DU SQUELETTE, LE DÉSIR VIOLENT ET L'EXCITATION QUI BRÛLAIENT DANS LE REGARD DE TULIP ?

ILS LEUR INJECTENT DES FAUX VACCINS REMPLIS DE MERCURE ET LES GOSSES CONTRACTENT TOUTES SORTES DE MALADIES.
MAIS PERSONNE N'EN PARLE !

ET TULIP, IL EST BIEN COMME EUX. S'IL N'EST PAS CAPABLE DE VIVRE EN HARMONIE AVEC LA PLANÈTE, INUTILE QUE DES GENS COMME NOUS S'ESCRIMENT À LUI MONTRER LA VOIE.

ROWAN EST HORRIFIÉ. POUR LA PREMIÈRE FOIS, IL VOIT AU-DELÀ DES APPARENCES. DERRIÈRE SES IDÉAUX DE SAGESSE ET DE SANTÉ, SA MÈRE ABRITE UN CŒUR NOIR ET AMER, UNE GANGRÈNE QUI SE DRAPE DANS UNE PRÉTENDUE AFFECTION, UN DÉSIR NAUSÉABOND DE TOUT CONTRÔLER.

CETTE FEMME QUI A TOURNÉ LE DOS À SES AMIS ET À SA FAMILLE, QUI S'EST ISOLÉE SUR UNE ÎLE PERDUE ET QUI, À FORCE DE RAGE ET DE PARANOÏA, S'EST EMPLOYÉE À CONDAMNER TOUT CE QUI NE CORRESPONDAIT PLUS À SA VISION ÉTRIQUÉE, SINISTRE ET INTOLÉRANTE.

IL EST DÉTERMINÉ À RETOURNER EN ANGLETERRE. SA MÈRE, TOUJOURS SOUS L'EFFET DE LA MORT DE SA SŒUR, RÉAGIT AVEC MÉCHANCETÉ.
IL EST DÉTERMINÉ À NE PAS LAISSER CETTE MÊME RANCŒUR SAPER SA RELATION AVEC SON FRÈRE.

À PRÉSENT QUE LE SUCCÈS INTERNATIONAL EST À PORTÉE DE MAIN, TULIP BOUILLONNE D'UNE ÉNERGIE FURIEUSE. ROWAN LUI SERA INESTIMABLE PAR LA SUITE, LORSQUE LEUR EMPIRE MONDIAL SERA DEVENU IMPOSSIBLE À DIRIGER SEUL.

MAIS POUR LE MOMENT, TULIP DOIT PLANTER LES PREMIÈRES GRAINES ET IL N'Y A PAS UN MOMENT À PERDRE.

EH, RATS, COMMENT VA ?
OH, CHEF, J'ÉTAIS JUSTE... EUH... EN TRAIN DE SORTIR LES POUBELLES.
OUI, BIEN SÛR. TU VEUX BIEN FAIRE DES HEURES SUP', AUJOURD'HUI ?
MON FRÈRE EST SOUFFRANT, IL A BESOIN D'AIDE À LA FERME.
JE TE PAIE EN LIQUIDE SUR-LE-CHAMP.
EUH... O.K.
PAR CURIOSITÉ, RATS... COMBIEN TU PÈSES, À PEU PRÈS ?

EUH...
BAH, OUBLIE. ALLEZ, EN ROUTE !

ROWAN CONDUIT VAILLAMMENT DURANT DES HEURES. IL AVALE AVEC ABNÉGATION LES BURGERS MICRO-ONDÉS DE STATIONS-SERVICE. POUR CONFRONTER SON FRÈRE ET SA CUPIDITÉ, RIEN NE L'ARRÊTE.
FOOD N FUEL
24H
CRISPS

DÉJÀ, DE LA TERRE RETOURNÉE, DE JEUNES POUSSES S'ÉLÈVENT. LES PLANTS SE DÉPLOIENT FACE AU SOLEIL. ROWAN SE RETROUVE ENVELOPPÉ PAR LEUR ODEUR CAPITEUSE. RIEN N'EST PLUS INSPIRANT QUE CETTE VISION. IL ÉTIRE À SON TOUR SON PROPRE CORPS ET INSPIRE GOULÛMENT L'AIR FRAIS.

C'EST SIMPLE : TULIP, COMME LA JEUNE POUSSE QU'IL EST, DOIT ÊTRE SAISI TENDREMENT MAIS FERMEMENT ET ARRACHÉ À SON ENVIRONNEMENT TOXIQUE. À FORCE DE LABEUR ET DE SOIN, TOUT CE QUI EST BON PEUT ÊTRE CULTIVÉ POUR S'ÉPANOUIR.

OH, ENFIN DE RETOUR ?
QU'EST-CE QUE TU FAIS ICI ?
J'ESSAIE DE FAIRE POUSSER DES CHOSES.
J'AURAIS BESOIN D'AIDE, D'AILLEURS. TU ES BIEN MEILLEUR QUE MOI DANS CE DOMAINE.

MAIS QU'EST-CE QUE TU FAISAIS DANS LA FORÊT... AVEC MES BOTTES ?
J'AI REVU MAMAN. ET ÇA M'A FAIT RÉFLÉCHIR.
IL N'Y A RIEN DE PLUS IMPORTANT QUE DE RESTER UNIS, TOI ET MOI.

JE SUIS DÉSOLÉ DE T'AVOIR CHASSÉ COMME ÇA.
SÉRIEUX ?
JE ME SUIS EMPORTÉ. J'AURAIS DÛ COMPRENDRE QUE TU ÉTAIS EN ÉTAT DE CHOC.
BON... C'EST BIEN.
JE PENSAIS QUE ÇA SERAIT PLUS DIFFICILE DE S'EXPLIQUER.
NON, J'AI COMPRIS. ON EST FRANGINS.

ENSEMBLE, ON PEUT TOUT FAIRE.
J'AURAIS DÛ TE SOUTENIR DAVANTAGE ET PAS SEULEMENT M'APPUYER SUR TOI.
ON EST SUR LE POINT D'ENTRER DANS LA COUR DES GRANDS. VIENS VOIR UN PEU.

JE SAIS QUE C'EST DÉPLAISANT, MAIS...
QUOI ?!

JE SAIS QU'ON N'A PAS ENVIE D'AVOIR À FAIRE ÇA, MAIS QU'EST-CE QUE TU VEUX QUE JE TE DISE...
MAIS JE NE VEUX PAS QUE TU ME DISES QUOI QUE CE SOIT, JE VEUX QUE TU ARRÊTES !
COMMENT TU AS... ? LE CIMETIÈRE ?!
NON, TU AVAIS RAISON, IL N'Y A AUCUN INTÉRÊT À DÉTERRER DES SQUELETTES.
QUOI ?! MAIS J'AI JAMAIS DIT ÇA !
ÉCOUTE, JE N'AI FAIT QU'AMORCER LE DÉBUT, IL VA FALLOIR QU'ON BOSSE ENSEMBLE SI ON VEUT PARVENIR À QUELQUE CHOSE.

JE PENSE QUE LE DERNIER COIN À CHAMPIGNONS DONNERA PLUS, VU LE GABARIT DU BONHOMME.
MAIS ON POURRAIT ESSAYER D'EN PLANTER À DIFFÉRENTS ENDROITS.
ON VARIE L'IRRIGATION, L'EXPOSITION AU SOLEIL...
... ET ON VOIT CE QUI MARCHE.

J'Y CROIS PAS... C'EST ABOMINABLE.
CE N'EST QUE TEMPORAIRE. IL Y A PLEIN D'AUTRES MANIÈRES DE SE FOURNIR EN MATIÈRE PREMIÈRE.
JE ME DISAIS QU'ON POURRAIT TROUVER UN DEAL AVEC UN LÉGISTE POUR LES CORPS NON IDENTIFIÉS ?

"JE PARIE QU'IL Y AURAIT MÊME DES FANS DÉVOUÉS DU RESTAURANT POUR SE PORTER VOLONTAIRES."
"GENRE 'DONNEZ VOTRE CORPS À LA SCIENCE', MAIS VERSION HAUTE CUISINE ?"
CE SERAIT ÉTHIQUE !

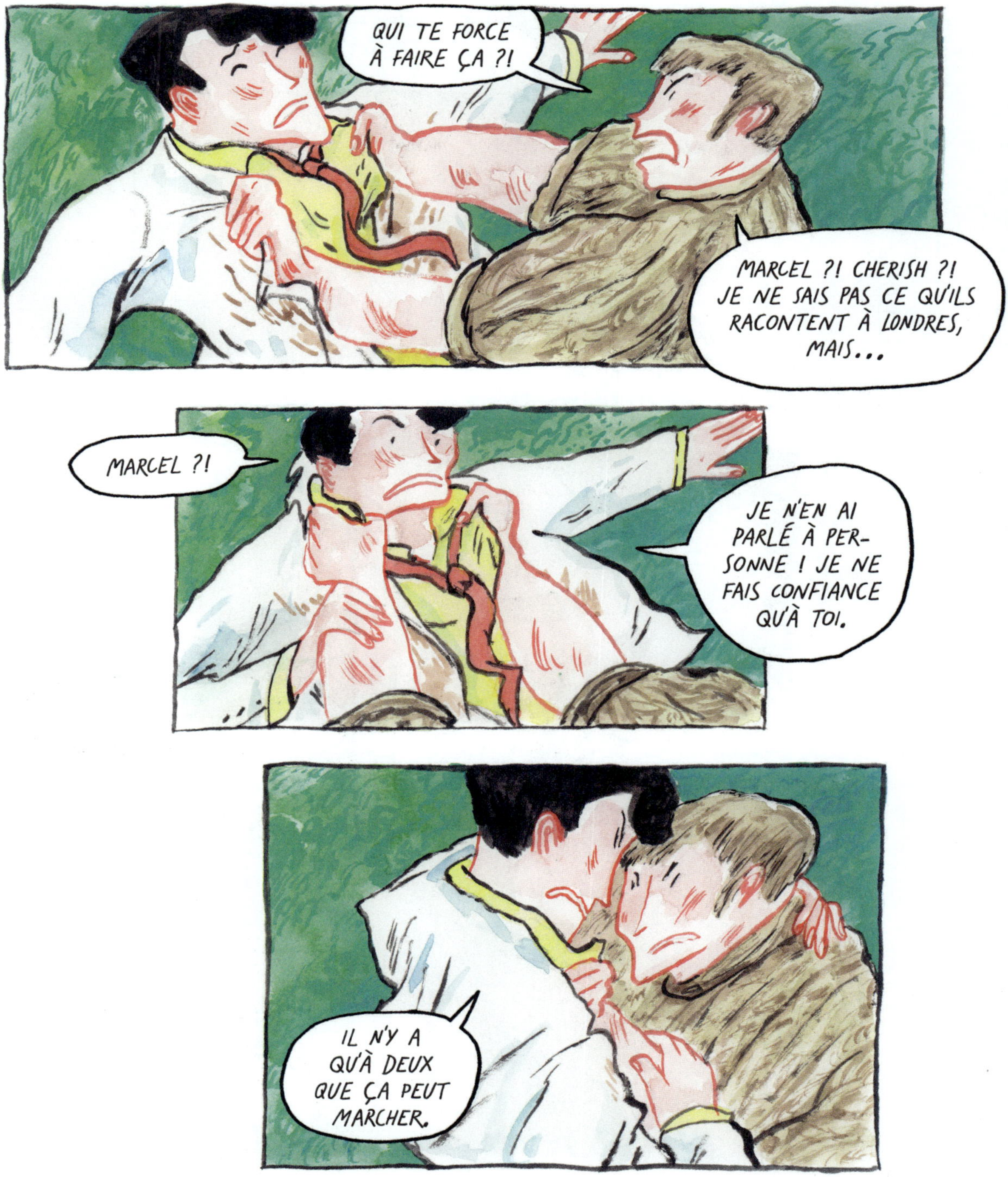
QUI TE FORCE À FAIRE ÇA ?!
MARCEL ?! CHERISH ?! JE NE SAIS PAS CE QU'ILS RACONTENT À LONDRES, MAIS...
MARCEL ?!
JE N'EN AI PARLÉ À PERSONNE ! JE NE FAIS CONFIANCE QU'À TOI.
IL N'Y A QU'À DEUX QUE ÇA PEUT MARCHER.

MAIS TULIP, ON N'EST PAS OBLIGÉS DE QUOI QUE CE SOIT !
MÊME EN NE FAISANT RIEN, ON RESTE FRÈRES.
RAAH, TAIS-TOI ! J'ÉTAIS SÛR QUE TU NE PIGERAIS PAS !
JE N'AI PAS ENVIE DE GLOIRE, D'ARGENT OU DE MEURTRES !
JE N'AI PAS ENVIE DE MASSA-CRER CE DOMAINE.
NI D'ALLER VOIR LA POLICE...

SI TU N'ES PAS PRÊT À BOSSER AVEC MOI, JE NE VEUX PAS DE TOI.
ON DOIT SERVIR AUX GENS CE QU'ILS VEULENT.
ON DOIT BÂTIR NOTRE EMPIRE.
IL FAUT SATISFAIRE CLIENTS ET INVESTISSEURS.
PAYER DES CENTAINES D'EMPLOYÉS.
TU SAIS CE QU'ILS DIRAIENT, À NEW YORK, DE TON IDÉE DE... FAIRE JUSTE POUSSER DES LÉGUMES ?!

SI ÇA NE TE PLAÎT PAS, RETOURNE CHIALER SUR L'ÎLE AVEC MAMAN !
NON.
JE VAIS METTRE UN TERME À TOUT ÇA.

TULIP'S
TULIP'S
LE PLAT DU JOUR EST UN RISOTTO AUX CHAMPIGNONS AVEC TILAPIA SOUS VIDE...

LES CHAMPIGNONS !
NE LES MANGEZ PAS !
ILS POUSSENT SUR DES--
ARRÊTEZ-LE !!

NE LES MANGEZ PAS !

ILS POUSSENT SUR DES--
ENTERRÉS DANS LA FORÊT--
DES CADAVRES
ENTERRÉS À LA FERME
IL LES A TUÉS

NATURELLEMENT, TULIP EST AUSSITÔT ARRÊTÉ ET MIS EN EXAMEN
POUR LE MEURTRE DE SON FRÈRE.

SI LE SCANDALE N'AVAIT PAS SUFFI À DISSUADER LES CLIENTS, LES INVESTISSEURS, SOUS LE CHOC, RETIRENT LEUR PARTICIPATION ET LES ASSOCIÉS NEW-YORKAIS ATTAQUENT POUR DOMMAGES ET INTÉRÊTS. LES RESTAURANTS FERMENT.

LES RUMEURS SE METTENT À CIRCULER SUR LES RAISONS DERRIÈRE LA DISPUTE : JALOUSIE, DÉTOURNEMENT DE FONDS, AFFAIRE DE CŒUR, MALÉDICTION SURNATURELLE... L'ÉQUIPE DE TULIP SE REMET DE SES ÉMOTIONS ET TROUVE DU TRAVAIL AILLEURS. PERSONNE NE PENSE À PRENDRE DES NOUVELLES DE RATS.

LES GOURMETS LONDONIENS FINISSENT PAR ACCUSER L'ISOLEMENT GÉOGRAPHIQUE DE ROWAN. APRÈS TOUT, VIVRE DANS UN ENDROIT DÉPOURVU D'INTERNET HAUT DÉBIT ET DE RESTAURANTS DE RAMEN ÉTOILÉS AU MICHELIN SUFFIRAIT À RENDRE N'IMPORTE QUI FOU.

POURTANT, QUELQU'UN RACHÈTE LA FERME DE ROWAN EN TOUTE DISCRÉTION. UN VISAGE FAMILIER, QUI SE FAIT À PRÉSENT APPELER ANTONIO ET PARLE AVEC UN ACCENT ITALIEN INVRAISEMBLABLE, S'EST EXTRAIT DU CHAOS EN RAMPANT COMME UN SERPENT ET S'APPRÊTE À PRÉSENT À LANCER UNE NOUVELLE AFFAIRE.
IL ASSURE SES INVESTISSEURS QUE SON PRODUIT EST UNE TUERIE.

RARE FOODS
J'AI JUSTE BESOIN D'UN PETIT COUP DE MAIN EN FORÊT, POUR UN PEU DE TERRASSEMENT.

Ce livre n'aurait pas pu voir le jour sans l'aide des personnes suivantes : Aarik Persaud de Cormack's Seafood et Val Buchanan de Buchanan's Bistro, pour leurs connaissances du monde de la restauration ; ma sœur Megan Albon, pour son savoir encyclopédique en matière de potager ; et ma femme, Cat O'Neil, pour son amour, ses encouragements et son imagination morbide.